城市与建筑遗产保护实验研究

江苏高校优势学科建设工程资助项目
教育部人文社会科学研究一般项目资助（批准号18YJCZH009）
江苏高校哲学社会科学研究一般项目资助（批准号2018SJA0128）

柴洋波 著

运河双城记：
镇江与扬州的城市形态变迁

A TALE OF TWO CITIES ON THE CANAL
RESEARCH ON URBAN MORPHOLOGY OF ZHENJIANG AND YANGZHOU

东南大学出版社·南京

内 容 简 介

本书以镇江和扬州为例,通过对从古代到近代镇江和扬州城市形态演变过程的分析,厘清运河与城市形态之间互相影响的机制,掌握运河遗产在城市中的分布以及历史延续的规律,并进而认清运河沿线城市的核心价值和发展方向。本书对于提升运河沿线城市的文化价值,并引导运河城市在未来的发展过程中重视城市的文化遗产,延续城市的文化特征具有重要的理论价值。同时,本书对当前运河遗产保护以及建设大运河文化带具有重要的现实意义。许多运河遗产在当前的环境中已经成为遗迹,只有将其还原到相应历史时期的城市中,才能完整体现运河遗产对于城市的价值所在。本书适合供从事城市遗产保护的规划、建筑从业人员以及对大运河、城市历史感兴趣的读者阅读。

图书在版编目(CIP)数据

运河双城记:镇江与扬州的城市形态变迁/ 柴洋波著.
南京:东南大学出版社,2021.5
 ISBN 978-7-5641-8169-7

Ⅰ.①运… Ⅱ.①柴… Ⅲ.①大运河-关系-城市史-研究-镇江②大运河-关系-城市史-研究-扬州
Ⅳ.①K928.42②F299.275.33

中国版本图书馆CIP数据核字(2018)第282415号

运河双城记:镇江与扬州的城市形态变迁
Yunhe Shuangchengji: Zhenjiang Yu Yangzhou De Chengshi Xingtai Bianqian

著　　者	柴洋波
出版发行	东南大学出版社
出 版 人	江建中
社　　址	南京四牌楼2号
邮　　编	210096
网　　址	http://www.seupress.com
电子邮箱	press@seupress.com
经　　销	全国各地新华书店
印　　刷	南京玉河印刷厂
开　　本	889mm×1194mm　1/16
印　　张	11.25
字　　数	207千
版　　次	2021年5月第1版
印　　次	2021年5月第1次印刷
书　　号	ISBN 978-7-5641-8169-7
定　　价	98.00元

本社图书若有印装质量问题,请直接与营销部联系。电话(传真):025-83791830

丛书前言

文化遗产是社会发展的一种积累性产品。显而易见，每个人从诞生之日起所接触到的事物都是前人创造的，而每个人的一生都多多少少为后人留下了些许物品，而所有这些物品的社会性积累就构成了我们的文化遗产。这其中至少有两层含义：一、文化遗产是人类社会对前人所有创造发明的淘汰性结果，只有那些经过复杂的历史选择过程并留存至今的一部分前人的遗存，才有可能进入文化遗产的行列；二、文化遗产就存在于我们身边。文化遗产的存在强化了社会的凝聚力和亲和力，使每一座城市和乡村都有可能形成与众不同的特性。唐朝诗人刘禹锡"千淘万漉虽辛苦，吹尽狂沙始到金"的诗句正可用来表达文化遗产的宝贵之处。在这个意义上，历史本身就是人类不断学习、思考和选择的过程。保护文化遗产不仅是为了保留人类过去的印记，更是为了学习和传承古代智慧，巩固现代社会发展的文化基础，为未来留下一个更加美好的生活环境。

在所有的文化遗产中，城市与建筑遗产是其中最为显著、庞大而又十分复杂和综合的一部分。这类文化遗产包括了各种历史景观、古老城镇与乡村、传统建筑、地下文物以及在历代城市与建筑发展过程中所形成的思想、技艺、方法与传统。对城市与建筑遗产的研究与保护需要跨学科、多部门的合作，需要长时间刻苦的探究与思考，才能找到顺应社会发展趋势、符合科学规律、适应历史环境的保护方法。

东南大学建筑学院素有重视城市与建筑历史和保护研究与实践的传统，自刘敦桢教授创系于1927年第四中山大学始，就与杨廷宝、童寯诸先生确立此研究方向，经第二代、第三代、第四代学者不懈努力，发扬光大。20世纪八九十年代，便为国家培养了四届建筑遗产保护的专业人才，目前在全国相关领域发挥着重要作用；21世纪，建筑学院招收建筑学遗产保护本科生，在建筑遗产和城市遗产保护两方面齐头并进，取得了突出成果，承担了近百项重要的城市和建筑遗产保护工程项目,出版了相关论著数十部,为我国的遗产保护作出了重要贡献,产生了较大的国际影响。

2008年"城市与建筑遗产保护教育部重点实验室"成立,2009年进入建设期,实验室以东南大学建筑历史与理论和建筑设计与理论两个国家重点学科为主干,整合包括土木、环境、材料、化工等各相关学科,在全国许多知名学术机构和专家的支持下开展了跨学科的遗产保护研究与实践,目前已取得了丰硕的阶段性成果,成为我国城市和建筑遗产保护领域最大、最重要的教育、科研、实践和对外交流的基地之一。

现在,其中一部分研究内容纳入了东南大学出版社出版的"十二五"国家重点图书出版规划项目:"城市与建筑遗产保护实验研究"系列丛书,与实验室的研究方向相应分为"城市与建筑遗产的理论研究"、"建筑遗产及其退化机理的实验研究"、"城市与建筑遗产保护的绿色途径"、"城市与建筑遗产保护的数字化方法研究"共四卷十余册,将陆续与读者见面,希望得到专家学者和所有读者的指正。

我们相信,城市与建筑遗产保护的未来既依赖于整个社会文化水平的提高,也在于相关技术方法和理论水平的发展与创新,更得益于家国意识、环境观念和社会组织的强化与融合。唯有此,才能形成适应我国新型城镇化条件下建立遗产保护体系的需要,以满足21世纪城乡可持续发展的国家战略。

是为序。

东南大学建筑学院教授
城市与建筑遗产保护教育部重点实验室(东南大学)主任

前　言

　　世界各国都曾经开凿过运河，也诞生过不少运河城市，但是只有中国的运河以其规模巨大、历史悠久而成为国家文明的标志之一，也只有中国曾经出现过绵延上千公里的运河城市带。中国历史上最繁华的城市大多位于运河沿线，可以说运河沿线的城市是中国古代文明中最灿烂的一串明珠。

　　但是近代以来，在铁路等现代交通方式的冲击下，运河的航运功能被逐渐弱化，无法继续承担支撑城市发展的职能，运河沿线城市的空间形态也随之逐渐发生变化。当前，运河在城市中的地位已经被边缘化，城市中的运河及其周边区域也已经从昔日的繁华之地沦落为被遗忘的角落。伴随着大规模的城市建设，运河沿线城市的传统城市空间特征也在加速消失。如果继续大拆大建的思维，即使是有着深厚传统文化积淀的运河沿线城市，也将会面临着城市特色消失的局面，甚至出现"千城一面"的严重后果。

　　2010—2012年期间，笔者有幸参与了导师董卫教授指导的《镇江大运河遗产保护规划》编制工作和扬州的大运河申遗工作。在工作中我切身体会到：由于申遗工作开展得比较仓促，相关理论研究严重不足，各部门对大运河遗产核心价值的认识难以统一。目前在衡量运河遗产价值的时候，基本照搬西方现有的运河遗产评价标准。但由于西方运河大多产生于近代，与中国运河的核心价值区别较大，机械照搬西方的评价标准将大大削弱中国运河遗产的独特价值。于是笔者就萌生了从文化的角度重新思考中国运河价值的想法，希望为运河申遗提供价值判断的理论依据。2012年，在董卫教授的指导下，我完成了博士论文《近代运河城市形态变迁——以镇江与扬州为例》，并顺利从东南大学建筑学院毕业。

　　2014年6月，中国大运河成功入选《世界遗产名录》，获得了世界的认可。但申遗成功之后，如何持续保护好运河遗产，以及如何有效展示和利用运河遗产的问题仍然需要人们去仔细思考。2017

年2月24日,习近平总书记做出重要指示:保护大运河是运河沿线所有地区的共同责任。之后,习近平总书记又专门就大运河文化带建设做出重要批示,要求将运河遗产保护好、利用好、传承好。2017年两会后的全国政协主席会议中,《将建设大运河经济带上升为国家战略》的提案被列为副主席带队督办调研的14件重点提案之一。可以说,建设大运河文化带,助力大运河所贯通的黄河与长江中下游地区经济社会发展转型升级,已经成为共识。

正是基于以上背景,笔者选择以博士论文为基础,进行进一步优化和改写,并最终形成本书。

目 录

第一章　绪论:运河时代的城市分布 ·· 1
　1.1　早期运河沿线城市 ·· 1
　1.2　隋唐大运河沿线城市 ·· 9
　1.3　京杭大运河沿线城市 ··· 15
　1.4　小结:运河沿线城市的分布与类型 ··································· 21

上篇　运河时代的双子星

第二章　城池方初现:京口与广陵 ·· 27
　2.1　长江两岸的军事要塞 ··· 27
　2.2　南朝时期的侨民之城 ··· 33

第三章　江河交汇地:润州与江都 ·· 37
　3.1　隋唐时期的漕运枢纽 ··· 37
　3.2　南宋时期的边防要地 ··· 44

第四章　繁华鼎盛时:镇江与扬州 ·· 49
　4.1　运河绕扬城 ··· 51
　4.2　城河依镇江 ··· 56

第五章　运河与城市形态的关系 ·· 59
　5.1　运河与城池选址 ·· 60
　5.2　运河与街巷肌理 ·· 62
　5.3　运河与功能布局 ·· 64

下篇　后运河时代的命运分野

第六章　江河日下扬州府 ··· 67
　6.1　清末时期的城市变革(1840—1912年) ····························· 68
　6.2　民国时期的城市建设(1912—1937年) ····························· 75
　6.3　战争时期的城市停滞(1937—1949年) ····························· 83

第七章 起起落落镇江城 ······ 88
- 7.1 清朝末期的城市转型(1840—1860年) ······ 89
- 7.2 开埠之后的城市扩张(1861—1908年) ······ 92
- 7.3 民国初期的城市衰落(1908—1928年) ······ 100
- 7.4 省会时期的城市更新(1929—1937年) ······ 107
- 7.5 战争时期的城建停滞(1937—1949年) ······ 123

第八章 城市形态变迁与比较 ······ 128
- 8.1 近代镇江城市形态变迁的特点 ······ 128
- 8.2 近代扬州城市形态变迁的特点 ······ 139
- 8.3 近代镇江、扬州城市形态变迁的比较 ······ 141
- 8.4 小结:近代运河城市形态变迁的基本特征 ······ 143

第九章 城市形态变迁影响因素 ······ 145
- 9.1 长期影响因素:建设环境 ······ 145
- 9.2 短期影响因素:军事政治 ······ 147
- 9.3 根本影响因素:经济技术 ······ 151
- 9.4 潜在影响因素:社会文化 ······ 154
- 9.5 小结:运河时代的终结 ······ 155

第十章 结论与思考 ······ 157

参考文献 ······ 160

致谢 ······ 171

后记 ······ 172

第一章 绪论:运河时代的城市分布

我国开凿和利用运河的历史十分悠久,从春秋时期吴王夫差开邗沟算起,至今已有两千五百多年的历史。历代开挖的运河有十几条之多,在运河沿线形成的运河城市更是不可胜数。但是由于战争的破坏以及运河本身的变迁,许多早期形成的运河城市已经湮没在历史的长河中而不为人所知。现在只有京杭大运河沿线的运河城市由于形成时间较晚,保留较多,还能为人们所记起。因此,有必要在文章开始先对运河城市的历史沿革做简要的介绍。

根据运河的发展以及城市与运河的互动关系,笔者将运河城市形成和发展的过程分为三个阶段:第一个阶段是隋以前的早期运河城市,当时还未形成纵贯南北的大运河体系,各段运河都是区域性水道,运河城市也大多由地域政治中心演变而来;第二阶段是隋唐大运河时期,运河城市的规模与影响力都随着大运河的贯通而大幅提升,并开始形成完全由运河而生的新城市;第三阶段是明清京杭大运河时期,这一时期是运河城市最为辉煌的时期,现存的运河城市大多形成于这一时期。

1.1 早期运河沿线城市

1.1.1 先秦时期的运河与城市

在人类文明发展的历史上,逐水而居是人类的共性,所有的文明都是起源于自然河流的沿线。其根本原因为水是人类维持生命的必需品,而且有河流的地方,土壤肥沃,物产丰富,适合人类生存。自从人类创制了木筏和独木舟之后,河流的另一项功能被发掘出来——运输。依靠水的浮力,水运的运输能力要远高于陆运,并且运输难度也小于陆运。因此,早在远古时期,人们就经常利用自然河流进行运输。后来人们发现,当几条河流非常接近时,用人工在这些河流之间挖掘沟通,能使航运变得更为便利,于是疏凿沟渠的事也就开始出现。但是修建人工水道需要大量的人力、物力以及一定的技术水平,因此远古时期少有这方面的记载。直到春秋战国时期,青铜器的广泛使用大大提高了劳动生产的效率,才使开凿人工水道成为可能。

司马迁在《史记·河渠书》中记载:"于楚,西方则通渠汉水云梦之野,东方则通鸿沟江淮之间[1]。于吴,则通渠三江五湖。于齐,则通菑济之间。……此渠皆可舟行,有余则用溉浸,百姓飨其利。"这段记述没有提到河道的名字,但是足以说明当时各诸侯国出于不同的目的兴建了众多人工水道,特别是长江、淮河流域等地区水运已经很发达。《水经·沔水注》记载楚灵王(前 540—前 529 年)时曾开漕渠通章华台,北通扬水。吴国通三江五湖的运河则传说是吴王阖闾时开凿,其中有自太湖向东的胥浦以及由太湖北通长江的运渠,即今江南运河最早的前身。由于这些运河都是供舟船可以通航的水道,对所在地区的经济发展都起到了促进作用。

邗沟是中国历史上第一条有确切开凿年代记载的运河。春秋时期左丘明所撰的《左传》(亦称《春秋左氏传》或《左氏春秋》)中记载:"哀公九年(前 486 年)秋,吴城邗,沟通江淮。"东汉班固所著的《汉书·地理志》中描绘了邗沟的大致路线:"渠水[2] 首受江,北至射阳入湖。"《水经·淮水篇》又云:"又东过淮阴县北,中渎水[2] 出白马湖,东北注之。"之后,郦道元在《水经注》中做了较为详细的说明:"中渎水自广陵北出武广湖东,陆阳湖西,二湖东西相直五里,水出其间,下注樊梁湖。旧道东北出,至博芝、射阳二湖。西北出夹邪,乃至山阳矣。"从这段文字中不难发现,邗沟的主体实际上是江淮之间的众多自然湖泊,人工开凿的仅是湖泊之间的连接部分。

邗沟建成后,吴国的水军可以渡过长江,并通过淮水及与其相连的泗水直抵鲁国。之后,吴国又在泗水和济水之间开凿了一条水道,以抵达晋国境内,这条水道后来被称为荷水。

邗沟和荷水的修通,使得江、淮、济水之间有了方便的交通联系,这对提升沿线各诸侯国的政治、军事和经济实力都具有重要意义。但是对于扬州的前身邗城来说,邗沟的经济带动并不明显。原因有以下两点:一方面是当时经济中心位于北方的黄淮平原,邗城相对处于北方经济区的边缘地带,且自身并无大宗商品出产,商业往来自然不多;另一方面,当时长江在镇扬之间入海,江面宽达五十里,且风浪颇大,导致航行困难,南方的物资难以跨越长江进行交易。《史记·货殖列传》载"楚越之地,地广人稀……不待贾而足",说明这一带的商业活动尚不够发达。因此,在春秋时期,邗城的交通地理虽然已经呈现出江河交汇的形态,却无法成为南北交易的中转地。事实上,对于吴越地区来说,早期运河的主要功能是军事运输而非商品交换。所以,江南地区虽然在春秋时期就有运河贯通,却没有形成发达的运河城市。

---

[1] 现存《史记》中为"东方则通沟江淮之间",但是《史记正义》《史记集解》等著作中认为中间漏掉了一个"鸿"字,应为"东方则通鸿沟江淮之间"。
[2] 这里的渠水和中渎水都是邗沟的别名。

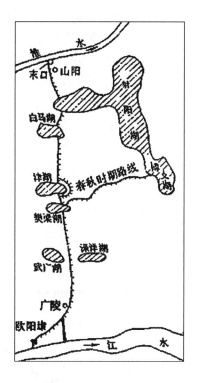

图 1-1 邗沟起源路线示意图
来源:姚汉源《中国水利史纲要》

战国时期,北方的中原地区也开始对水道进行大规模的整治,开凿了好几条运河。这几条运河各有起讫的地方,也各有名称,但是实际上是一脉相承的,鸿沟就是这个运河系统的总渠。魏惠王十年(前 360 年),魏国从荥阳引黄河水入圃田泽,再由圃田泽引至大梁城北郊后,绕大梁城东折向南流,并分为数支,即《史记·河渠书》中所记载的"荥阳下引河,东南为鸿沟,以通宋、郑、陈、蔡、曹、卫,与济、汝、淮、泗会"。其中经过陈(今河南省周口市淮阳区)东,在今沈丘县注入颍水继而进入淮水的(鸿沟)主干道。鸿沟的其他几个分支分别沟通了涡水、涣水、睢水、汳水、济水和濮水等自然水系,这些水道和鸿沟主干道一起组成了鸿沟水系。鸿沟水系与先期已经修通的荷水共同形成了相互沟通的运河网络,对黄河与淮河之间的广大平原地区的经济发展带来了明显的促进,黄淮平原上很快兴起了一批经济都会。

在这些经济都会中,魏国都城大梁由于控扼鸿沟水道上、下段的中枢,地位最为重要,受益也最大。战国初期魏国能够成为号令十二诸侯的霸主,与鸿沟水系的开通也有很大关系。其次受益的是位于荷水和济水之交的陶(今定陶),发达的水系网络使得此地四通八达。顺荷水而下,经泗水可以一直通达江淮之间;沿济水而东,可以达到临淄;溯济水而上,由济入河,由河入洛,又可以西至洛阳;向北经过濮水可以到达卫(今濮阳),进而可以从陆路联系北方的燕、赵。因此在春秋时期陶是因运河而兴起的最重要的商业城市。被中国商人奉为祖师爷的陶朱公就是发迹于陶的,他认为"陶天下之中,诸侯四通,货物所交易也"[1]。

[1] 《史记·货殖列传》。

此外，鸿沟下游的分支很多，所以受其影响而崛起的运河城市也很多。位于濮水北岸的卫，位于泗水与汳水之交的彭城（今徐州），濒临淮水与颍水交汇处的寿春（今寿县），处于鸿沟与颍水汇流处的陈（今河南省周口市淮阳区），位于鸿沟与黄河分流处的荥阳（今荥阳市），兼跨睢水与汳水两条运道的睢阳（今商丘市市辖区），都是因鸿沟水系航运交通的便利而在战国中期以至秦汉时期先后兴起并逐步繁荣的经济都会。齐国都城临淄在春秋时期是首屈一指的大都市，也是得益于淄水和济水带来的交通便利。

总的来说，先秦时期在北方的中原地区、南方的吴楚地区和蜀地都已经存在运河，并且这些运河都是具有水路运输功能的交通性河道，对于沿线城市具有一定的经济带动作用。但是由于工程技术水平有限，当时大多数运河都是以沟通局部为目的的小规模区域性运河，并且大量利用自然河道，导致运河交通受自然条件影响较大，为运河城市的长期发展埋下了隐患。

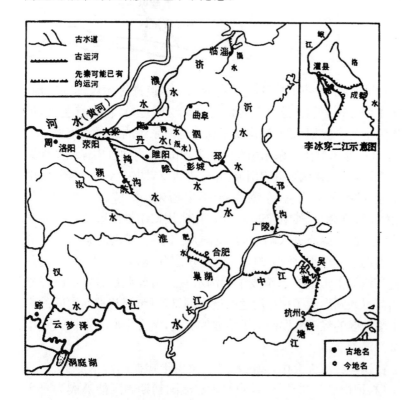

图1-2 先秦时期运河城市分布图

来源：《中国大百科全书·水利卷》

1.1.2 秦汉时期的运河与城市

秦汉时期是中国第一次南北大一统的时期，也是政治上实行中央集权制的开始。权力向中央集中的后果就是中央政府的扩大化，为了统治原来属于六国的疆域，秦代中央政府的官员以及军队的规模都空前庞大。国都咸阳的人口数量大增，关中一地的粮食供给难以满足咸阳的需求，必须征调全国的粮食和财赋以供给都城。当时全国的经济中心和粮食产区都在黄河中下游地区，要想把粮食等物资远距离输送到咸阳,唯一的办法就是采取水运。于是,秦代把战国时期的鸿沟系统用以在黄河中下游地区征收粮食等物资,并通过黄河和渭河最终输入都城咸阳。这种用水路进行粮食运输的形式,就是漕运的开端。从此以后,漕运制度成了历代封建王朝延续执行的一项固定制度。有了制度的保障,运河的地位也因此奠定,成为历代王朝最为看重的基础设施,运河沿线的城市也因此获得稳定的依托,迅速发展起来。

秦始皇时期还曾经对南方的运河进行过整治。公元前210年(秦始皇三十七年),秦始皇为了加强对吴中地区的控制,亲自出巡会稽,"过丹阳,至钱唐。临浙江,水波恶,乃西百二十里从狭中渡"[1]。巡视的过程中,以"东南有天子气"为理由,秦始皇派赭衣徒在丹阳"凿之以败其势,截其直道,使之阿曲"[2],又"治陵水道致钱唐、越地,通浙江"[3]。现代研究认为这是两次对水道的整饬,形成了丹徒至曲阿(今镇江丹阳)的丹徒水道和钱塘(今杭州)至嘉兴的陵水道。当时的吴中地区在吴、越两国数百年的经营下,已经形成以苏州为中心,南达嘉兴,北通丹阳的可以通航的吴古故水道。始皇东巡之后,吴古故水道与丹徒水道和陵水道相连,形成了从钱塘经苏州至丹阳的纵贯江南地区的运河水运网,后世江南运河的雏形此时已经初具轮廓。

汉代是先秦运河体系衰落的时期。西汉初年,朝廷提倡黄老之治,为使人民休养生息,大幅削减了漕粮的征收。因此,专为漕运设置的运河闲置了下来,再加上分封了十几个财政独立的诸侯国,不需向京师缴纳赋税,鸿沟水系的运输就显得越发萧条了。直到汉武帝时期,朝廷由于不断对外征战,对漕粮的需求大幅增加,才不得不对漕运系统进行整理,开凿了与渭水平行的"漕渠"以减少向长安输送漕粮的时间与难度。自此,运河系统进一步向西延伸,长安成为最西端的运河城市。但是不久之后黄河的一次大决口使中原地区的运河体系受到了毁灭性的破坏。汉武帝元光三年(前132年),黄河由濮阳附近决口,向东南流去,一直流到大野泽中;又由大野泽溢出,顺着荷水流入泗水,并一直流到淮水[4]。鸿沟的一部分也遭到厄难。这次黄河的决口,足足用了二十年才告合龙,其间以鸿沟为主干的中原运河逐渐趋于堵塞。

经过这次水患,原来的鸿沟系统仅存汳水一支,当时被称为汴渠。陶附近的荷水彻底堵塞,周围的众多小型湖泊已经淤积成平地。从此陶失去了便利的运输条件,城市远不如之前繁盛。濮水沿线的卫也受到影响,城市地位从此一落千丈,不复以往。原鸿沟系统中最繁华的运河城市——大梁,早在战国末期的战争中就被秦军引黄河灌城[5],整座城市彻底覆灭。之后黄河又多次泛滥,致使鸿沟体系完全陷入瘫痪,到东汉以后这个运河系统就逐渐被废弃了。原本依靠鸿沟兴盛的运河城市荥阳、睢阳,以及泗水之滨的彭城都在这时期逐渐没落。

---

[1]《史记》卷六《秦始皇本纪》。
[2]《元和郡县图志》卷二五《江南道·润州》。
[3]《越绝书》卷二《外传记吴地传》。
[4]《史记》卷二十九《河渠书》。
[5]《史记》卷四十四《魏世家》。

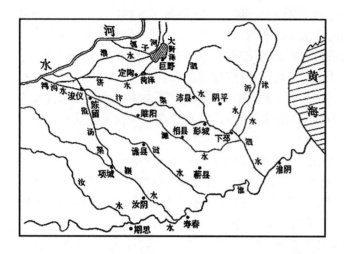

图1-3 东汉汴渠图
来源:陈桥驿《中国运河开发史》

鸿沟系统最大的特点是借用了一系列自然水道作为运道,再通过局部开挖人工河道将自然水道联系起来。因此,鸿沟沿线的运河城市受自然水道影响较大,特别是黄河,能够直接决定鸿沟系统的运行状况。所以黄河的几次人为或自然泛滥,直接摧毁了整个鸿沟系统,也摧毁了鸿沟水系沿线的运河城市的经济支柱。这一批运河城市存在的时间从战国至西汉,前后二百余年,后由于黄河的影响而走向衰落。

总的来说,秦汉时期的运河基本沿用了春秋战国时期的运河体系,并且为以后运河系统地位的上升奠定了基础。但是由于当时的运河大量利用自然河道,受自然环境变化影响很大,特别是黄河的若干次泛滥,导致秦汉时期运河的运输效率不高,对沿线城市的经济发展作用不大。

1.1.3 六朝时期的运河与城市

魏晋南北朝时期,中国处于南北对峙、政权割据的时期,运河的建设也是由南北各自经营。北方总的来说是战乱频发,只有在曹魏时期,曹操出于军事需要对黄河以北的水道进行了整治,开凿了白沟、平虏渠和泉州渠。白沟是曹操在官渡之战后,为进攻邺城而兴建的后勤补给通道。《三国志·魏书·武帝纪》记载:"(建安)九年(204年)春正月,济河,遏淇水入白沟以通粮道。"白沟工程完工后,曹操很快夺取了邺城。袁绍的儿子袁尚逃到辽西地区的乌丸,并利用乌丸部族"数入塞为害",对曹操构成威胁。为了讨伐乌丸,曹操又开凿了两条运河。建安十年(205年),"凿渠自呼沲入泒水,名平虏渠;又从泃河口凿入潞河,名泉州渠,以通海"[1]。白沟(清河)、平虏渠和泉州渠是历史上黄河以北最早开凿的人工水道,这几条运河连通了华北平原的自然河流清河、淇水、漳河、滹沱河、永定河等,形成了一条纵贯华北平原的运河水运交通干线。后来大运河永济渠段的形成以及海河水系的形成都受到这个系统的深刻影响。

[1] 《三国志·魏书·武帝纪》,中华书局标点本。

后来,在这个纵贯华北平原的运河系统中,兴起了新的运河城市,其中最具代表性的是邺城。邺城在战国时期只是魏国的一个普通的县,因西门豹曾在此惩治地方恶势力并兴建水利而闻名于史。华北的水运网络形成后,邺城通过漳河、白马渠可与邯郸、真定等城镇沟通;向北可经泉州渠通达燕山南麓,还可以进入渤海;向南可穿过黄河,再经睢阳渠等与淮河流域沟通。因此,北魏御史崔光就称赞"邺城平原千里,运漕四通"[1],左思在《魏都赋》中也盛赞邺城来自四方物产之丰。从曹操迁都邺城后,直到北齐灭亡,在长达350多年中,邺城一直是北方诸政权的政治、经济和文化中心,取代了邯郸在华北地区的地位。

魏晋南北朝时期的南方地区虽然也历经朝代更迭,但南朝与北方政权的分界线基本维持在淮河一线,因此江淮地区总体较为安定。永嘉之乱以后,百姓大规模向南方迁移,其中主要的路线之一是沿邗沟南下过长江,再由丹徒水道分散至江南腹地。这次大规模的移民浪潮,使北方的先进文化和技术得以传播到南方,极大地促进了江南地区的开发和建设。江南腹地本就土地肥沃,但在南北朝之前由于技术水平落后,处于粗放的开发阶段。南北朝期间,长期稳定的社会环境和大量北方移民带来的先进耕作技术使得江南土地开发由粗放转为精细,粮食产量大幅增加。同时,这一时期江南地区的运河系统已经初步形成,人工水网以吴郡为中心,覆盖了整个江南地区。发达的农业加上便利的水网运输系统,宣城、毗陵、吴郡、会稽、余杭、东阳等江南中心城市,经过六朝的发展,都成了繁华的都市[2]。

其中最繁华的要数自东晋之后一直作为南朝都城的建康。据《金陵新志》载"梁都之时,户二十八万"。如果按中国传统的家庭人数五口之家计算,则达140万人;如果每户按4人计算,也有112万,以上的人口数还不包括王室人员及军队。因此,建康是中国历史上也是世界历史上第一个百万人口的城市。要支撑起人口规模如此庞大的城市,必须有充足的粮食供应。建康的经济腹地在长江下游的江南地区,但南北朝时期的长江江面依然宽阔,风急浪高,从长江溯流而上的运粮船非常容易倾覆。而且在南北对抗的环境下,长江航线常受到北方势力的威胁,并不安全。当时从江南腹地到建康的漕粮运输主要依靠的是破冈渎运河。

东吴赤乌八年(245年),孙权"使校尉陈勋作屯田,发屯兵三万,凿句容中道,至云阳西城,以通吴会船舰,号破冈渎,上下一十四埭……上七埭入延陵界,下七埭入江宁界。初,东郡船不得行京行江也。晋、宋、齐因之"[3]。破冈渎的位置在今句容市境内,向东连接丹阳境内的丹徒水道,向西接入秦淮河。这条水道的开通,使得建康的物资供应可以避免长江航运的风浪之险,对于建康城市的发展至关重要。萧梁时,孙权开凿的破冈渎已经荒废,于是另"开上容

---

1 《太平寰宇记》卷五十五《相州》。
2 《隋书》卷二四《食货志》。
3 《建康实录》卷二。

渎,在句容县东南五里,顶上分流,一源东南流三十里十六埭入延陵界,一源西南流二十五里五埭注句容界,上容渎西流入江宁秦淮"[1]。今句容市东南五里有五里岗,自岗东出,二十余里抵宝堰镇,自岗而西南,二十里抵赤山湖,即上容渎遗迹。陈时上容渎又废,更修破冈渎。此后,两条运渎屡有兴废,交替使用,在整个六朝期间都对建康的发展发挥了重要的作用。

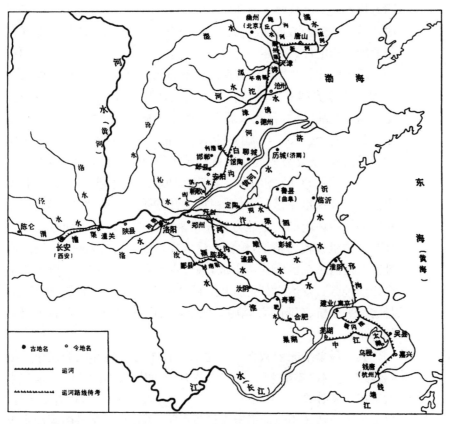

图1-4 三国时期运河城市分布图
来源:《中国大百科全书·水利卷》

总的来说,在隋以前,贯通南北东西的大运河体系的框架已经形成,隋唐时期对运河大规模的开挖和整治,及由此形成的航运繁荣,基本是在这个框架的基础上完成的。但是这个时期运河的开挖规格较低,运河河道同各地自然水道联通,许多运河河段都是因为战争需要而开挖,一旦战争结束,运河便被废弃淤塞。所以,运河发挥南北交通动脉的作用是有限的,对沿线运河城市的经济带动效果也是有限的。

[1]《建康实录》卷二。

1.2 隋唐大运河沿线城市

1.2.1 隋唐大运河的历史沿革

隋朝定都大兴（今西安）之后，很快就开始启动开凿大运河的工程，这是由当时的政治经济状况所决定的。当时传统的粮食主产区——黄河中下游地区由于长年遭受战乱的破坏，已经不复之前的繁盛，无法向位于关中地区的政治中心提供足够的粮食。而江淮地区和江南地区则由于长期处于安定的环境中，经济得到极大发展，全国经济中心呈现逐渐南移的趋势。但是，当时黄淮平原上原有的鸿沟水系和关中漕渠已经无法通航，南北之间没有有效的运输渠道。因此，快速建立起一条将南方的财赋与粮食运抵北方的京城大兴的运输通道成为隋朝建立以后迫在眉睫的需要。隋文帝在位时，就开始了兴建新运河和疏通旧有河道的浩大工程。隋文帝首先指派宇文恺在西汉关中漕渠的基础上重新开凿了广通渠，"引渭水，自大兴城东至潼关三百余里"[1]，前后仅三个月即大功告成，改善了都城大兴的粮食供应。隋文帝开皇七年（587年），

[1]《隋书·食货志》。

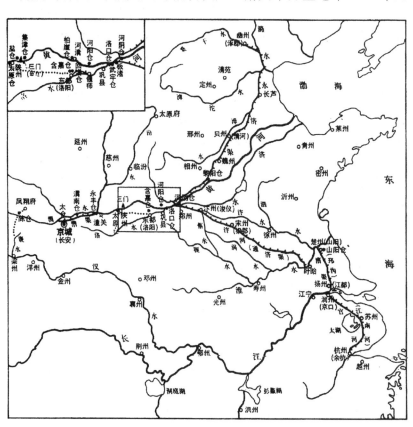

图 1-5 隋唐运河城市分布图
来源：《中国大百科全书·水利卷》

"于扬州开山阳渎，以通运漕"。山阳渎过去常被认为是对古邗沟的重修疏通，现在已经可以确认是在邗沟以东新开的运河，其目的是作为隋军伐陈的水运通道，在隋炀帝疏通古邗沟之前曾经是江淮之间的主要水上运道。

隋炀帝继位后，由于他曾任扬州总管十年，深知江南地区的富庶和繁华，因此更加重视开凿运河。他在位第一年就下令开凿洛阳至扬州的运河，并迫不及待地组织大规模巡视活动。隋炀帝所开的运河可分为四段：一为通济渠，自洛阳引谷、洛二水到黄河，又自板渚（今荥阳境）引黄河水，至汴州（今开封）后折向东南，于盱眙县流入淮河，到达山阳（今江苏淮安）；二为古邗沟，从山阳疏通吴王夫差所开的邗沟故道，引淮河水到长江；三为江南河，从京口（今江苏镇江）引江水直至余杭（今杭州），入钱塘江，全长800余里；四为永济渠，引沁水南通黄河，北至涿郡（主要核心区域在今河北涿州市，此外今北京市部分区域也曾属涿郡），全长2 000余里。在隋炀帝继位的第六年（610年），这四段运河与隋文帝时期已经开凿的广通渠互相连接，终于形成了沟通南北、贯通东西的大运河系统。从此，南起余杭，中经江都、山阳、汴州、洛阳，西抵长安，北到涿郡，都被这一交通大动脉串联在一起。隋朝因炀帝暴虐无道而迅速覆灭后，大运河成为其留给唐代最宝贵的遗产。唐代基本因循了隋所开凿的大运河体系，因此人们通常将这一时期的运河称作隋唐大运河。唐代国力强盛的原因虽然很多，但大运河的功效未尝不是其中最重要的因素之一。

唐代在继承了隋代大运河的基础上实施了制度创新。隋代漕运都实行"长运法"，各地漕船必须从粮食的征集地一路穿越各段运河，运抵京城附近的粮仓。但是"长运法"对于运丁来说过于劳累，且耗时过长，经常耽误农时，影响农业生产。因此，唐代开元年间，宰相裴耀卿对原有的漕运制度进行改革，实行分段运输法——各地漕船只需分别将漕粮运送至临近的仓库储存，再由运丁分段转运至京城。这种转运方法大大缩短了运丁服役的时间，也减轻了漕粮运输的损耗。在此基础上，刘晏根据各河段不同的特点，确立了"江船不入汴，汴船不入河，河船不入渭"的原则，采取江、河、汴、渭分段运输的方法，后世称之为"转般法"。为此，唐代延续使用了汉代和隋代沿河所设的粮仓遗址，并根据路程的远近和实际需要，又在各河段口岸新建了许多粮仓，作为装卸储藏的转运分站。除了隋代设立的卫州黎阳仓、洛州河阳仓、陕州常平仓、华州广通仓以及洛阳兴洛仓和回洛仓之外，唐代又在河口设置武牢仓，在巩县设置洛口仓，在河阴设河阴仓等，其中规模最大的是洛阳的含嘉仓。因此，唐代当漕粮不能及时运抵长安的时候，皇室都要到洛阳"就食"。这些粮仓所在的地方，漕船来往频繁，又形成了新的运河城市。

宋代之后，对隋唐大运河进行疏浚和整理之后继续使用，依然保持了横贯东西、纵贯南北的大运河体系。通济渠和邗沟在宋代改称汴河与淮南运河,与江南运河一起得到沿用,成为北宋时期的主要运道。永济渠在宋代被称为御河,由于不再与黄河沟通,漕运的作用大为减小,但仍然是向北方边境运送军粮的要道。

北宋是漕运规模达到顶峰的时期。从《宋史·食货志》上记载的史实看,北宋时期常年漕运量在六百万石左右,在大中祥符初年漕运的最高数量曾达到七百万石。这个规模远高于唐代年运一百万石左右的运量,也大大超过汉代最高年运四百万石的数据。实际上,就是在大运河系统最为完善的明清时期,漕运量也没能达到宋代的规模。这主要是由于汴京位于四通八达的平原地区,无险可守,必须大量驻军守卫。这些驻军和官员的饮食都要依赖于漕运的粮食供应。

南宋时期由于北方长期处于战争之中,北方的汴河与御河长期被废弃,金政权也无力对运河进行维护,最终都逐渐淤塞。都城迁至临安之后,淮扬运河及沿线地区也成为战场,运河城市大多衰落。只有江南运河作为向都城临安以及淮扬前线输送漕粮的唯一运河,在南宋时期航运愈发繁忙,沿线城市也愈发繁荣。

1.2.2 通济渠沿线城市

通济渠自洛阳至山阳,横跨整个中原地区,沿线城市众多。从宋代的《太平寰宇记》和《元丰九域志》的记载中可知,通济渠自洛阳向东所流经的城镇包括汴州、陈留、雍丘、宋州、永城、宿州、泗州和楚州,其中洛阳、汴州是最具代表性的运河城市。

隋唐时期,洛阳一方面作为陪都,具有政治、军事、经济地位上的优势;另一方面依靠大运河的便利交通,成为中外商贾汇集之地。唐代洛阳城内的市场要远大于长安,其中大同市周4里,通远市周6里,丰都市周8里,而长安东西市各边长600步,规模比洛阳小得多。洛阳还是唐代最大的粮仓——含嘉仓所在,依靠运河漕运的不断输送,粮食十分充裕,因此人口规模也大于长安。最高峰时洛阳城人口达140万人之多,远远超过长安的人口规模,是当时世界上人口最多的城市。

唐长安人口之所以少于洛阳,很大程度上是因为失去了运河这一便利的漕运通道。唐初隋代开凿的广通渠已经废弃,无法使用,只能通过陆运解决向关中输送粮食的问题,效果很差。每当关中出现霖雨之灾,皇帝就要到洛阳就食。唐玄宗时期曾短暂地恢复了广通渠的运道,使漕运入关粮食大增。开元时期,从关东漕运的粮食,常年达四百多万石,关东广大地区的各色货物也可直抵长安。开元盛世正是在这种雄厚的物质基础上才出现的。然而仅持续了十余年之后,就因安史之乱爆发,长安沦陷,漕渠也就断绝。

通济渠沿线因运河而辉煌的另一个城市是汴州。由于汴州就坐落在汴河边上,又离洛阳较近,成为隋唐东部的门户,所以很快成为南北物资和人才会聚之地。尤其是唐中期以后,由于政府越来越依靠南方粮食和赋税,汴州成为漕运抵京的咽喉之地,"当天下之要,总舟车之繁,控河朔之咽喉,通淮湖之运漕"[1]。当藩镇势力强大的时候,情况尤其如此。谁掌握了汴州,谁就掌握了政府的命脉,唐政府也称其为"运路咽喉,王室屏藩"[2]。唐后期,由于汴河下游的水路被藩镇势力控制,无法通漕,曾恢复了古代鸿沟系统中的狼汤渠,称为蔡河。这条河道由颍水入淮河,解决了当时漕运上的很多困难。

北宋时期,汴州成为都城所在,被称为汴京。汴京城的商业更加繁荣,成为继南朝建康、唐长安和洛阳之后中国历史上第四个百万人口的城市。同时,由于地处平原,无险可守,汴京附近常年驻军也有几十万之多。为保障如此庞大数量人口的饮食,宋代将漕运规模提到了历史的最高点。当时汴京城内有汴河、金水河、惠民河、广济河四条运河穿过,被称作"四水绕汴京",宋太宗也就将这四条河称作他的"四条玉带"。这几条运河中,金水河实际上是景观河道;广济河承担汴京东北方向的漕运,但数量不大;惠民河用以征集"淮右之漕",每年也只有六十万石[3];汴河才是这四条运河中漕运数量最高,对城市商业影响最大的一条。

《宋史·河渠志》中这样描述汴河:"唯汴水横亘中国,首承大河,漕引江湖,利尽南海,半天下之财赋,并山泽之百货,悉由此路而进。"其漕运量更是达到了"岁运江淮米五七百万斛"。张择端的《清明上河图》中对于城内汴河两岸的景致进行了细致描绘,其中漕船通过虹桥的场面就是汴京作为繁华的运河城市的真实写照。另外,从画中商业店铺的分布来看,当时的汴京城已经摆脱了汉唐以来里

[1] 《全唐文》卷七四零刘宽夫《汴州纠曹厅壁记》。
[2] 白居易:《白氏长庆集》卷四十《与韩弘诏》。
[3] 《玉海》卷二十二。

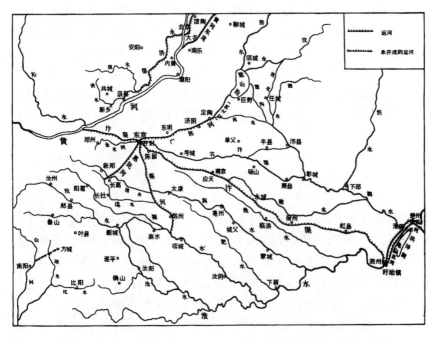

图1-6 北宋时期东京(汴京)附近运河图
来源:《中国大百科全书·水利卷》

坊制的束缚,商人们纷纷沿街设市、沿河设市,汴河两岸成为商家必争之地。北宋东京(即汴京)城的工商业、服务娱乐业,可以说达到了前所未有的繁荣程度。这一切繁荣的背后,发达的漕运和运河运输无疑发挥了重要的支持作用。

1.2.3 邗沟沿线城市

邗沟运道在春秋时期开通后曾经有过几次河线改变,目的是减少湖泊风浪对于行船的影响。东汉建安二年(197年),广陵太守陈登将樊梁湖与津湖连接起来,使邗沟出津湖达白马湖,不再经过博芝湖,其河线在原河线之西,因此史称邗沟西道。东晋永和中(345—356年),因津湖多风,在津湖东岸沿湖开河二十里,从此行船避开津湖。隋炀帝于大业元年(605年)整治运河时,"发淮南民十余万开邗沟,自山阳至杨子入江"[1]。史料记载较略,未言经过何地,但大都认为这次开河是把邗沟的河线又恢复到原来的西道,而非隋文帝时期开凿的山阳渎。这次重开邗沟后,运道的宽度拓宽到四十步(合58米,隋代1步等于5尺,1尺等于29.6厘米),同时改变了原邗沟的迂曲,邗沟运道"径直由此而始"。

邗沟沿线的城市中,扬州是最具代表性的。实际上,扬州也是整个隋唐大运河体系中最耀眼的城市。作为长江以南各地和中原之间唯一的水路交通枢纽,扬州自六朝时期兴起,到唐代达到了第一次鼎盛,时人称作"扬一益二"[2]。由此可见,扬州的繁荣程度在当时是国内第一的。唐代扬州不仅是全国最重要的水陆交通中心,也是长江下游对外贸易的重要海港城市,又兼有盐铁转运之专利,商贾云集,其奢华程度连长安和洛阳都要略逊一筹。城市的规模也由蜀冈之上扩展到蜀冈之下临近运河的区域,唐扬州城周长已达40里,规模大大超过周长14里的汉广陵城。

另外,由于长江入海口的东移,邗沟的入江口在隋唐时期就已经向西延伸到了扬子津(今仪征),在五代时期扬州被战争摧残得破败不堪之际,这里形成了白沙镇,替代扬州成了外来客商的落脚之地。在北宋时期,由于"当江淮之要会,大漕建台,江湖米运,转输京师,岁以千万计"[3],白沙镇升为真州,时人称"维、扬、楚、泗,俱称繁盛,而以真为首[4]",其经济地位已经超过扬州。不过,由于从真州北上的运河依然经过扬州,在扬州慢慢恢复之后,真州又重新趋于萧条。

1.2.4 江南运河沿线城市

江南运河是隋唐大运河中最重要的部分,江南各地的财富和粮食都要通过江南运河汇集再向西北的都城输送。隋炀帝在疏浚整治了北方的运河之后,于大业六年(610年)"敕穿江南河,自京口至

---

[1] 《资治通鉴》卷一八零。
[2] 《资治通鉴》卷二五九《唐纪七五》昭宗景福元年四月丁酉条:"扬州富庶甲天下,时人称扬一益二。"
[3] 楼钥:《攻愧集》卷五十四《真州修城记》。
[4] 同上文。

余杭八百余里,广十余丈,使可通龙舟"。这次整修之后,江南运河的通航状况趋于稳定,此后一直到清末,虽屡有修整,但都没有大的改变。

江南运河沿线的城市大多在南北朝时期已经兴起,隋唐时期随着运河通航能力的提高和影响范围的扩大,城市越发繁华。为"三吴襟带之邦,百越舟车之会"的常州与扬州隔江相对,控扼江南运河入江口的润州(现镇江市),以及江南腹地的苏州和杭州都是极其繁盛的运河城市。润州南北朝时期已经是东南重镇,但是由于地势较高,水位难以保持,这段运河的实际通航能力一直并不高。隋炀帝疏浚江南运河以后,拓宽河道,大大提高了其通航能力,使城市发展在隋唐时期达到了第一次高峰。苏杭两座城市的崛起也与大运河带来的交通便利紧密相关。杭州今城址始建于隋文帝时期,因其两浙区域政治中心的地位而筑城,最初城市经济并不发达。但是江南运河开通之后,杭州成为京杭大运河的南端终点,成为江浙地区的水陆交通枢纽。于是杭州迅速从一个小邑发展成为一方经济都会,到唐代时便"咽喉吴越,势雄江海,国家阜成兆人,户口日益增"。到宋室南迁定都临安之后,大量南迁人口涌入,使临安迅速成为我国历史上第五个百万人口的城市。词人柳永称赞:"东南形胜,三吴都会,钱塘自古繁华。烟柳画桥,风帘翠幕,参差十万人家。云树绕堤沙,怒涛卷霜雪,天堑无涯。市列珠玑,户盈罗绮,竞豪奢。"苏州处于江南腹地,自然水系本就发达,经隋唐的整理之后,形成了完整的城内外水系和道路系统,并延续至今。到唐中叶以后,苏州尤其发展迅速,白居易称"当今国用多出江南,江南诸州,苏最为大",苏州被时人称为"人稠过扬府,坊闹半长安"。

1.2.5 永济渠沿线城市

永济渠是隋炀帝在曹操开凿的白沟—清河—平虏渠运道的基础上修建而成的。白沟运道在北朝时期的很长时间内,有过多次大规模通航,表明这一水运通道在当时还是相当畅通的。但是由于北朝时期频繁的战乱使其缺少管理和维护,以及由于漳河、滹沱河等河流偶有的特大洪水的冲毁和淤积,其通航能力无疑会遭到很严重的破坏。到了隋代,白沟—清河—平虏渠运道虽然局部可能还能通航,但能将各条河流联系起来的航运干线可能已不存在。隋大业四年(608年)正月"诏发河北诸郡男女百余万开永济渠,引沁水南达于河,北通涿郡"[1]。大业五年(609年),隋即在涿郡开始兴建行宫。这说明永济渠的开凿,仅用一年的时间便完成。这也从侧面说明永济渠可能并非全部是新开凿的河道,而是利用了部分白沟运道以及河北平原上其他古代河流的故道。

永济渠沿线的运河城市主要是魏州(今河北大名县)和幽州(今北京城西南)。汉晋时期繁华的邺城则由于白沟的断流和永济渠的开通而失去了地理优势,趋向萧条。位于永济渠最北端的幽州主要

---

[1] 《隋书·炀帝纪上》,中华书局标点本。

依靠对外贸易而繁盛起来。北方塞外运来的货物都以幽州为集中地,再通过永济渠向内陆转运。位于永济渠南段的魏州则依靠转运江淮地区的货物而兴盛。隋代开凿永济渠时,并不经过魏州。唐"开元二十八年(740年)九月,刺史卢晖移通济渠,自石灰窠引流注于城西,夹水制楼百余间,以贮江淮之货"[1]。也就是说,开元年间在这次永济渠改道后,魏州才成为运河城市,并成为江淮地区货物北运,越过黄河以后的第一站。此后,魏州出现"原野垦,库府实,氓庶安""川原林麓之富""舟车士马之殷"[2]的繁荣景象。到宋代魏州改称大名,城市地位与经济实力达到鼎盛,成为北宋四京之一的"北京"。据《宋史·地理志》记载,大名"城周四十八里二百六步,门一十七"。其规模仅次于东京开封府(城周长五十里六十五步)和西京洛阳(城周长五十二里九十六步),为当时的全国第三大城。

总的来说,隋唐大运河开通以后,对沿线城市的带动和促进要远超以往。首先,无论是新开挖的河道还是疏浚拓宽的旧有河道,通航能力都比以前大有提高,极大地促进了沿线城市之间的物资交流。其次,人工河道的比重也大幅提升,仅在通济渠的上游和下游之间分别利用了一段黄河与淮河,这使得运河受自然变迁的影响变小,稳定性有较大提升,为沿线城市持续发提供了保障。最重要的是,首次形成了沟通南北东西的大范围水陆交通网,这对于城市贸易范围的扩张以及南北文化之间的交流都具有极大的促进作用。从城市规模上来说,隋唐时期中国城市面积和人口都达到了中国历史时期的极值,中国历史上几个百万人口以上的城市都出现于这一时期,且都与运河密切相关。从城市内部结构上来说,里坊制的管理模式到宋代彻底解体,以街道地段为单位的城市行政管理取代了小区式封闭型强制管理,沿街设市和不限时间的经营成为主流,从此城市面貌发生了很大变化。但是从城市性质上来说,这些城市仍然没有摆脱中国传统城市的特征——繁华的商业城市往往是全国或区域行政中心城市。商业市镇的出现也是始自唐代,最初在交通要道和大城市四周开始出现一些小规模工商业市镇,到宋代这些市镇从数量上和规模上都已经渐成气候,北宋神宗时全国有将近1 800个镇,其中大多在南方[3]。

1.3 京杭大运河沿线城市

1.3.1 京杭大运河的历史沿革

元朝统一全国时,隋唐大运河由于受战争影响,长期无人整治,已经淤塞殆尽,无法通航。因此元代以大都为起点,修建了新的运河系统。元代的运河,北起大都,南迄杭州,全长三千余里。从大都到通州段称为通惠河,从通州南下入大沽河,西接御河称为通州运

---

[1]《太平寰宇记》卷五十四《魏郡·大名县》。
[2]《全唐文》卷四百四十《封演·魏州开元寺新建三门楼碑》。
[3] 何一民:《中国城市史纲》,四川大学出版社1994年版。

粮河，从今天津南至山东临清段称为卫河，从临清至山东东平段称为会通河，从山东东平至济宁接泗水，入黄河（当时黄河夺淮河水道入江）称为济州河，由黄河入淮安到瓜洲入长江的河段称扬州运河，从镇江经常州、苏州、嘉兴，直达杭州的河段称为江南运河[1]。所有这些河道互相连接，组成了现在被称为京杭大运河的运河系统。

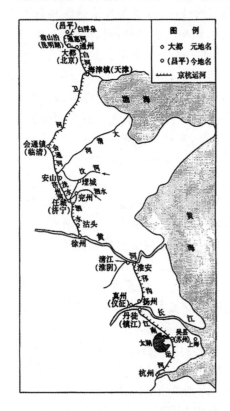

图1-7 元代京杭运河路线图
来源：陈桥驿《中国运河开发史》

虽然京杭大运河在元代已经成形，但真正发挥作用是在明清时期。元代仅开凿会通河就耗费了20年的时间，且开通后运河水量不稳，航运能力较差，无法满足漕运和南北物资交流的需要。到了元明交替之际，黄河一再决口，山东境内的运河被严重破坏，河床淤塞而无法通航。直到明成祖迁都北京之后，才再次疏通会通河，并采纳汶上老人白英的建议，以南旺为运河南北分水处，保障了运河水量的稳定。此后，京杭大运河通航能力大为提高，逐渐成为稳定的南北交通干道。

由于水利工程技术的提高，明清大运河体现出与隋唐大运河不同的特点：一方面，通过建造堤坝、月河以及开挖人工河道，逐步替代了原有的自然河流运道，减少了黄河和淮河对于运河的干扰，提升了运河的稳定性；另一方面，完善了运河的水源工程，并在高差较大的河道建造了大量水闸，以控制运河水位，提高了船只通过能力。可以说，经过历代的整治，明清大运河逐渐脱离自然水道的影响，由沟通河湖的区间运道，演变为相对独立的工程体系[2]。因此，明清京杭大运河的航运能力比隋唐大运河有大幅提高，运河漕运的规模提升到历史上的最高水平，对于沿线城市经济发展的带动作用也更加

---

1 《元史》卷六十四《河渠志》。
2 谭徐明，于冰等：《京杭大运河遗产的特性与核心构成》，《水利学报》2009年第10期。

显著。在元明清三代长达600多年(1279—1912年)的时间里,京杭大运河带动沿线城市持续发展,形成了运河城市的后盛期。

清代对大运河各段自北向南分别称为:通惠河、北运河、南运河(又称卫河)、会通河、中运河、淮扬运河和江南运河。沿线州府一级的城市共计17个,自北向南分别是:顺天(今北京)、通州、天津、沧州、德州、临清、聊城、济宁、徐州、淮安、宿迁、扬州、镇江、常州、苏州、嘉兴、杭州。这些城市中有的是传统的运河城市,有的是新兴起的运河城市,但在明清两代都是繁华的经济都会。

1.3.2 通惠河、北运河与南运河沿线城市

通惠河、北运河与南运河是京杭大运河最北端的三段河道。其中通惠河自北京东便门至通州张家湾长约21公里,北运河自通州至天津静海三岔口约145公里,南运河自天津至河北临清板闸约446公里。沿线主要运河城市包括北京、通州、天津、沧州和德州。

北京作为元明清三代帝都,运河漕运的主要服务对象,从京杭大运河中受益最大。元代黄文仲《大都赋》曰:"若乃城闉之外,文明为舳舻之津,丽正为衣冠之海,顺承为南商之薮。"其中的文明、丽正和顺承是大都南侧的三门。文明门外是通惠河的漕运泊地,从通惠河来的河舟海船停泊于此,所以商旅云集,形成了当时的城市商业中心。明代永乐帝迁都北京之后,最初并未修复通惠河。到成化年间重新修复时,城内通惠河的河道已经阻塞,且周边人口稠密,难以恢复,只好将漕运终点从城内移至城东南崇文门和朝阳门一带。大运河漕运从此不再入城,商业中心逐渐转移至城南,在南城垣外形成大片居民区和市肆。到嘉靖时期,"城外之民,殆倍城中"。为便于防御,明嘉靖三十二年(1553年)在原城池以南加筑外城,使北京城形成了独一无二的"凸"字形结构。明清时期的北京依靠运河的支撑,工商业十分繁盛,城市人口也大幅度增加,明成化五年(1469年)已经"京师居民不下数十百万"[1]。清代北京繁华依旧,最接近运河码头的崇文门和正阳门外地区的商业达到了鼎盛,形成了许多专业市场,如珠(猪)市口、骡马市、煤市、柴市、米市、蒜市等。清人俞清源在《春明丛说》里这样描写这里的繁华:"珠市口当正阳门之冲,前后左右计二三里,皆殷商巨富,列肆开廛,凡金绮珠玉以及食货如山积,酒榭歌楼欢呼酣饮,恒日暮不休。京师最繁华处也。"

通州一地,在元代以前并无城池。元建都北京之后,在此地建造粮仓以转运粮食。郭守敬主持开凿通惠河后,通州附近的粮仓达到五座,因而"编篱为城"[2]。城的位置"去乐岁、广储等仓甚近,拟自积水处自通州城北至乐岁西北,水陆共长五百步"[3]。可见,此城的位置是完全根据通惠河与粮仓的位置定下来的。明代则在此基础上正式筑城,"砖甃其外,中实以土,周围九里十三步,连垛墙高三丈五尺"[4],并置州卫,以护卫粮仓。但是,作为直接服务于北京的粮食中转站,通州的商业并不十分发达。

[1] 《明实录》。
[2] 光绪五年《通州志》卷二《城池》。
[3] 光绪五年《通州志》卷三《漕运》。
[4] 光绪五年《通州志》卷二《城池》。

天津的兴起，始于元代海运。大、小直沽码头是元代海运的终点，并由小直沽接北运河转运至大都。因此，元代这里已经是各地商人汇集的场所。明永乐二年(1404年)，在此兴建城池，因朱棣当年"兵下沧州"以此为渡口，"赐名天津"[1]。明代以后，北运河与南运河在此交汇，地位更显重要。《畿辅通志》说，天津"地当九河津要，路通七省舟车，江淮赋税由此达，燕赵渔盐由此给。当河海之冲，为畿辅之门户"。明清时期，天津一直是北方的商业中心，除漕运外，粮食和盐业贸易都十分发达。

德州与通州类似，最初都是为了守卫运河畔的粮仓而建筑卫城，城内只有驻军而无商人。但由于德州既是运河漕运的必经之地，又是通向南方九省的驿站、陆路咽喉，交通地位十分重要，因此四方商旅自发向这里集中。到明永乐九年(1411年)，城外的商业规模过大，不得不"招集四方商旅分城而治"[2]。可以说，德州是一个纯粹由外来商人推动本地商业发展的城市，而这种外向型商业的基础就是大运河所带来的便捷交通。

1.3.3 会通河沿线城市

会通河自河北临清至山东微山南阳镇，长约480公里，中途需要翻越高差达到50米的山东地垒，是整个京杭大运河跨越高差最大的一段。元代运河之所以通航能力不高，就是由于难以保持会通河的水位。明代在南旺设立分水点并引汶河至南旺及附近的湖泊，使这段越岭运河的水源得到了保障。会通河自北向南沿线依次经过临清、聊城和济宁，这三座城市的命运起伏都与运河息息相关。

临清是北方重要的水运枢纽之地，明清时期会通河与卫河在此交汇，因水路向北方通往京城，向西南达到豫北，向东南则是江淮富庶之地，而成为漕运咽喉之地。当时临清有三仓，是会通河沿线最大的仓库群，南方来的漕粮必先储于此，然后转入卫河，以达京师。因此，明景泰元年(1450年)在会通河东岸筑砖城，主要用以保卫粮仓和各级衙署。随着商业越来越发达，在会通河与卫河之间的一片名为中州的陆地上形成了一大片商业区，往来客商在此开设商铺、建立货栈。至嘉靖二十一年(1542年)，临清扩建了包括中州，横跨会、卫二水，延袤二十余里的土城，与砖城相接。万历年间临清钞关所征收的商业税每年达83 000余两，超过京师所在的崇文门钞关，居全国八大钞关之首[3]。清代临清升为直隶州，城内商贾云集，商号鳞次栉比。据记载，"每届漕运时期，帆樯如林，百货山积"[4]。其中最大宗的是棉布和粮食贸易，布匹年销量在100万匹以上[5]，粮食年贸易额则为500~1 000万石[6]。在明清两代，临清无疑是会通河北端最大的商业都会。

济宁位于会通河南端，是明清时期山东省境内仅次于临清的重要商业城市，后世称为"水陆交会，南北冲要之区"[7]，也是"江淮百货走集"[8]的地方。这是由于济宁以北的南旺地势高亢，运河里设闸最

---

[1] 李东阳：《创造天津卫城碑记》，见《天津卫志》。
[2] 康熙《德州志》卷四。
[3] 许檀：《明清时期运河的商品流通》，《历史档案》1992年第1期。
[4] 民国《临清县志·经济志》"商业"条。
[5] 乾隆《临清州志》卷十一《市廛》。
[6] 李文治、江太新：《清代漕运》，中华书局1995年版。
[7] 嘉庆《大清一统志》卷一八三《济宁州》引《旧志》。
[8] 《山东通志》卷四十《疆域志三·风俗》。

为密集,由江淮来的货物就不能不在此停留和集散,因此带动了当地的繁荣。同时,济宁又是总河衙门[1]所在,有庞大的官吏机构,物资需要大于其他地方。因此,明清时期城内商旅来往,络绎不绝。除了商业繁华之外,济宁的手工业也比较发达,烟草、皮革加工等行业都在济宁城内有较大规模的手工工场。

聊城为东昌府府治,是会通河沿线唯一的府级政治中心城市。由于地处临清和济宁之间,地理位置不如两地,商业和城市发展规模也不如上述二城市。尽管如此,聊城毕竟在运河沿线,过境贸易还是很发达,特别是山、陕两省的商人,在聊城非常集中。咸丰年间,聊城城内来自山陕二省商人的店铺多至八九百家,至今还保留了一处山陕会馆,建筑十分宏伟。

1.3.4 中运河沿线城市

中运河自山东微山湖附近南阳镇至淮河以北的宿迁杨庄,长约179公里,沿途经过徐州、宿迁和淮安。这段运河是京杭大运河成型最晚的一段——隋唐时期,从淮安至山东之间是利用淮河的自然水道作为运道;南宋黄河夺淮之后,则以黄河作为运道;直到清康熙二十五年(1686年),才开凿了经骆马湖至清口的中运河。由于这段河道变化剧烈,因此沿线徐州、宿迁和淮安这三座城市的命运也颇为起伏多变。

元代黄河侵淮之际,流经徐州城畔,作为漕运河道使用,带动了徐州的发展。但是随着明代泇河的开通,漕运逐渐改道,不再经过徐州,于是徐州的繁荣立时就受到影响。淮安旧城本不在运河边,到元代已趋荒芜,反是城北大运河经过的北辰坊一带却成了工商业者聚集之地,形成聚落不断繁盛的景象。因此元代在此另筑新城,运河位于新旧两城之间。明代运河改道,自两城西侧而过。考虑到当时"倭寇犯境",新旧二城分别防御有困难,遂在两城之间建造联城,从此三城连为一体。

宿迁从隋唐时期就是大运河沿线的重要城市,隋唐大运河之通济渠(老汴河)入淮河的尾闾经过宿迁,元明间作为京杭运河主航道的黄河故道经过宿迁,清康熙二十七年(1688年)开挖的中运河其主要河段也在宿迁。中运河的开凿是奠定今日京杭运河走势的最后一次大型工程,对清代漕运的畅通起了决定性作用。清代治理黄河水患、确保漕运畅通的许多国家工程均位于宿迁境内,康熙、乾隆为此六次南巡皆驻跸宿迁,留下了龙王庙行宫等历史遗迹和大量故事和传说。

明清时期,淮安是漕运总督衙门所在,又是专为漕粮转运所设的常盈仓所在,地位极为显赫,与扬州、苏州、杭州并称为运河线上的"四大都市"。实际上,由于经常受到黄河泛滥的影响,淮安以北的运河通航能力远远不如淮安以南。正因如此,淮安成了南北交通转换的枢纽,"南船北马"汇集于此,使淮安达到了鼎盛,所谓"南北

---

[1] 总理河务衙门,负责大运河河道的管理和修缮。
[2] 光绪《淮安府志·序》。

水陆辐辏","帆樯衔尾,绵亘数省,毕出其途"[2]。淮安在明清时期商业极为发达,清政府在此专门设钞关以收其税。明代,淮安税关收入居全国第三。清代,"淮关"也是收入最多的税关之一,嘉庆时年征税银达 121 000 两。

1.3.5　淮扬运河与江南运河沿线城市

淮扬运河由淮安至扬州约 180 公里,江南运河由镇江至杭州约 340 公里。由于水道自然条件较好,航运一直较为稳定,这两段运河基本继承了唐宋时期的河道,变化不大。因此沿线的城市也大多延续了唐宋时期的繁荣,即使在朝代更替之时遭战火破坏,也能较快地恢复。

扬州在元明清初期都是从近乎废墟的基础上发展起来的,然而依靠运河强大的经济带动作用,总能再现繁荣。到清代,独享盐、漕两大政的扬州,更是成为繁华奢侈的代名词。扬州对岸的镇江凭借江河交汇的优势,在明清时期也颇为兴盛,被称为"银码头"。苏州作为江南的核心城市,是清代工商业最发达的城市之一,其发展规模仅次于北京,"阊门内外,居货山积,行人流水,列肆招牌,灿若云锦。语其繁华,都门不逮"[1]。依靠运河带来的交通便利,当地盛产的米粮以及丝织物沿运河销往全国各地,成为全国最大的粮食市场和丝织品贸易中心之一。杭州的情况与苏州类似,丝织业极为发达,并带动了相关的练染以及生丝行业的兴盛。由于临近海港宁波,杭州的丝织品海外贸易也十分发达。

此外,在明清时期的江南地区,除了已经达到鼎盛的运河城市之外,还诞生了另一类繁盛的经济体——江南市镇。江南地区商业市镇的崛起,始于宋代,到明清时期达到巅峰。这些市镇大多位于运河沿线或者通过水路与运河沟通,如:淮安附近的清江浦,扬州附近的瓜洲、仪征,当时属于常州管辖的无锡县以及苏州、嘉兴附近的大量商业市镇。江南市镇的大量出现和兴盛,是中国古代城市化发展到最高峰的体现,也表明运河在江南地区的辐射力已经不仅仅局限于运河沿线,而是沿着江南地区密布的人工与自然河道网络扩散到了江南的腹地。因此,从广义上来说,明清时期的运河城市绝不仅限于运河沿线的城市,还应包括与运河通过水路相连的众多江南市镇。

明清时期的京杭大运河对沿线城市的带动之所以远超以往,是因为运河的长期稳定是一方面,政策的支持也起了很关键的作用。明代为提高漕船运输的积极性,允许在运输漕粮的漕船上夹带私货。洪武年间就曾颁布过"许运粮官船内附载己物,以资私用"的命令,之后更明确规定了运军携带私货的数量,最多时每船可带私货六十石。清朝建立以后,继承了前代对漕船贩私活动所采取的宽容态度,规定每艘漕船北上可"例带土宜六十石",予以免税。清代中叶以后,对携带私货数量的限制继续放宽,到嘉庆时期,每船可携带

1　孙嘉淦:《南游记》卷一。

一百五十石免税私货。这一政策大大刺激了运河沿线的商品贸易,进而带动了运河城市的繁荣和发展,使运河城市在清代达到了其发展的极致。

1.4 小结:运河沿线城市的分布与类型

1.4.1 运河城市的分布规律

通过以上对各阶段运河城市的介绍,从春秋时期最早诞生的运河城市开始,将各历史时期形成的运河城市按南北进行地域划分,如下表:

表1-1 运河城市历史分布表

类别	春秋战国	秦汉南北朝	隋唐	宋	元明清
北方运河城市	大梁、陶、卫、彭城、寿春、陈、荥阳、睢阳、临淄	长安、洛阳、大梁、邺城	长安、洛阳、汴州、魏州、幽州、泗州、宋州	汴京、洛阳、大名、宋州、泗州、陈州	北京、通州、天津、沧州、德州、临清、聊城、济宁、徐州
南方运河城市	邗城、吴郡	建康、广陵、京口、曲阿、吴郡、嘉兴、钱塘	楚州、扬州、润州、苏州、常州、嘉兴、杭州	楚州、扬州、真州、润州、苏州、常州、嘉兴、临安	淮安、宿迁、扬州、镇江、常州、苏州、嘉兴、杭州
北方运河城市数量	9	4	7	6	9
南方运河城市数量	2	7	7	8	8
总计数量	11	11	14	14	17

来源:自绘

先秦时期的运河主要是各地方势力对自然水道的梳理,因此最初的运河城市大多出现在自然水系丰富的区域。当时北方鸿沟与荷水所在的黄淮平原本就存在着密集的自然水系,运河将这些自然水系连通起来,就形成了人工水网,最初的运河城市就形成于水网的节点上。南方吴、楚所在的江淮地区自然水系也很丰富,最早有记载的运河就出现于这一地区。但当时这一带区域经济并不发达,运河的功能以军事运输为主,因此虽然也出现了运河城市,但是规模和影响力都不大。

秦汉时期,由于自然条件的变化,黄河数次改道造成中原地区自然水系混乱,以鸿沟为中心的运河体系走向瓦解,中原地区的运河城市逐渐衰落。到南北朝时期,由于北方战乱不断,出现了第一次从北方向江南地区的移民浪潮。江南地区因此得到开发,逐渐兴盛起来。其中,对运河系统的整理是促使江南大发展的重要原因之一,江南地区重要的运河城市也大多形成于这一时期。

隋代京杭大运河全面贯通之后,运河的覆盖范围从江南到中原直至西北地区,因此这一时期运河城市的分布也是范围最广的,西至洛阳,南至杭州,北至幽州,隋唐时期的运河城市随着大运河的走向遍布整个中国。由于运河的巨大影响力,历史学家们认为从隋唐大运河全面贯通开始,中国的历史开始由黄河时代向运河时代转变,并最终在宋代建都汴梁之后彻底摆脱了黄河流域的影响,正式进入运河时代[1]。在运河时代里,南北方经济联系进一步加强,国家命运沿南北轴向摆动,运河成为都城变动的重要因素之一,并对国家政治、经济、文化生活产生了深刻影响。从城市分布上来说,由于经济中心的南移和政治中心的不断东移,江淮地区和江南地区的运河城市增多,黄淮地区以及华北地区的运河城市则明显减少。这种局势一直延续到北宋末期,才因宋金战争的影响而发生变化。南宋以后,由于北方长期处于战乱之中,运河体系彻底崩溃,北方的运河城市再次趋于衰落和消亡。

元代重新修建了沟通南北的京杭大运河后,北方地区重新开始出现运河城市。但由于政治中心的东移,此时的运河路线呈现出近乎南北笔直的走向,运河城市集中分布于中国的东部地区,形成了东部运河城市带。京杭大运河与隋唐大运河的运输方向有所不同。隋唐大运河时期,漕运的主要方向是由东部的江南地区向西部的都城进行粮食输送,虽然也有南北向的永济渠通往幽州,但运量远不如长安方向。元明清三代,都城大部分时间都位于北京,与粮食财赋的主要来源地江南地区南北遥相呼应。从此,中国运河体系的主导方向由东西变为南北,新兴的运河城市纷纷在南北大运河沿线崛起,而隋唐以来繁盛的汴河沿线地区从此被运河体系所遗弃,日趋衰落。

综观历史,运河城市的分布呈现出自北向南、自西向东的迁移趋势。这种趋势与中国政治、经济中心的迁移趋势是互相吻合的。实际上,历代王朝修建运河的最重要目的就是保障政治中心的物资供应,而物资的来源地必然是经济中心地区。因此,历代运河的路线无论怎么变更,总是位于政治中心与经济中心的连线上。运河城市的分布则相应地体现出各时期政治与经济最发达的区域所在。

1.4.2 运河城市的类型分析

通过以上对各时期运河城市的梳理,笔者发现依据各城市在运河系统中所承担职责的不同,可以将历史上曾经出现过的运河城市分为以下几类:

1) 政治中心型运河城市

政治中心型运河城市主要包括各时期国都所在的城市。都城是历朝历代运河漕运的最终目的地,甚至可以说,运河就是为了满足都城的物资供应需求而存在的。因此,各朝代的都城都是运河的最大受益者,都城的繁华很大程度上依托于运河不断的输送。当运

---

[1] 王明德:《从黄河时代到运河时代:中国古都变迁研究》,巴蜀书社,2008年版。

河淤积或受战乱影响不能通航时,物资供应中断,特别是粮食供应出现问题的时候,都城就很难支撑下去,王朝也会因此出现较大的动荡,甚至由此走向没落。实际上,古代各王朝都高度重视运河的治理和维护,其原因就在于政治中心对于运河的高度依赖。

2) 资源中心型运河城市

资源中心型运河城市主要指漕运物资的来源城市,也是各历史时期的运河起点所在,以苏州、杭州为代表的江南城市大多属于此类。早期经济中心位于北方时,这些城市在没有运河的时候已经是区域的经济中心,城市较为繁华。运河的开通给城市带来了更大的提升空间,使城市的影响范围随运河扩展到全国。当运河衰落的时候,资源中心型运河城市虽然也会受到影响却不至于难以支撑,城市对运河的依赖性相对较低。

3) 仓储转运型运河城市

由于大运河跨越诸多自然水系,各段航道状况差别很大,长途运输对船只和船工来说都极为困难,且途中耗损严重。因此,大多数时期,运河漕运的方式都是转般法,即在运河沿线设置大量转般仓,根据航道状况分段运输。转般仓附近,总是停泊着大量漕船进行粮食装卸,而漕船可以携带私货与当地进行贸易。城市就这样随着漕粮转运而发展起来。德州与通州就是典型的仓储转运城市。

4) 交通节点型运河城市

运河城市中占比例最大的是交通节点型运河城市。其中又可以分为两类:一类是运河主线与自然水系或分支运河交汇处的城市,一类是水路交通与陆路交通交汇处的城市。其中陶、淮安、扬州、镇江属于前者,卫、大名、临清、天津则属于后者。这些城市坐拥便利的交通条件,四方商旅会集,主要依靠转口贸易而繁荣。不过,因运河而兴,也同样会因运河而衰败。这些城市往往缺乏本地的经济基础,极度依靠外来资本,当运河交通受到阻碍或者改变线路的时候,城市往往很快就衰败下去。

以上四种类型基本可以囊括所有的运河城市,如表 1-1 所示。但是随着运河路线的变迁,同一座运河城市在不同时期承担的功能会有所变化,比如开封在隋唐时期只是一个交通节点城市,但在北宋时期成为都城后则成为漕运的目的地。南宋的临安也从输出型的资源城市变成了输入型的政治中心城市。但是总的来说,资源中心型运河城市的地位相对稳定,在历史中延续时间较长;政治中心型运河城市的命运往往随王朝变更而起伏;仓储转运型运河城市与交通节点型运河城市则跟随前两者的变动而改变,无法掌握自身的命运。

上篇　运河时代的双子星

在中国历史上曾经出现过的众多运河城市中,镇江与扬州是其中延续时间最长、相互影响最大、联系最紧密的一对。两座城市在地理上一衣带水,于长江两岸南北对望,古人曾经以"京口瓜洲一水间"[1]来描述二者之间的关系。在大运河南北贯通之前,这两座城市各自的兴起就与境内的运河密切相关;大运河南北贯通之后,两座城市的命运就因运河紧密联系在一起,呈现出互动发展的状态。从春秋时期运河兴起,一直到清末运河时代终结,镇江与扬州共同上演了大运河上的"双城记"。

---

[1] 宋·王安石《泊船瓜洲》。

第二章 城池方初现:京口与广陵

2.1 长江两岸的军事要塞

长江发源自青藏高原,一路向东汇聚了沿线众多河流,浩浩荡荡地最终在今天的上海流入东海。这是当代尽人皆知的常识,但从历史上来说,长江入海口的位置其实一直在变化。最早的长江入海口就在今天的镇江和扬州之间。

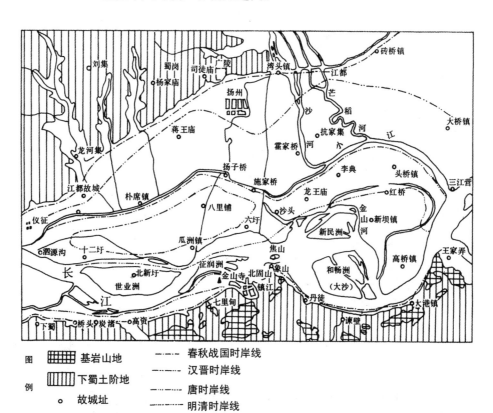

图 2-1 长江镇扬河段历史变迁图
来源:《镇江交通史》

镇江地处长江下游南岸沿江冲积平原及其临近的黄土阶地上，南依岗峦起伏的宁镇山脉，北临浩荡奔腾的长江。整体地形南高北低，西高东低。南部自西向东断续分布着一系列低山丘陵，东部也零星分布着一些残丘，沿江则有金山、焦山、北固山、云台山、象山等一系列孤立的山丘，形成了一水横陈、连岗三面的独特地貌。境内的河流除长江与大运河外，其余均较短小，被宁镇山脉、茅山山脉分隔，分别流入长江、秦淮河与太湖。

扬州地处长江下游北岸沿江冲积平原上，地形以蜀冈为界划分成南北两部分。蜀冈及其以北部分是长江北岸的一级阶地，地表起伏呈浅丘状，相对高程只有十米左右。这片浅丘地从西向东愈降愈低，一些山溪顺地势下汇于雷塘，然后由淮子河东去注入大运河。雷塘一名雷陂，有上雷塘和下雷塘之分。雷塘虽然面积不大，但在历史上是扬州附近重要的灌溉水源，也是运河的水柜之一，对人类的活动起了不小的作用，直到明末被豪强所占，塘水被排干，辟为农田，现在已经消失，无法恢复了。蜀冈以南一带临江面湖，地势低平，是一片长江冲积平原。远古时期，长江北岸岸线直抵蜀冈的南缘，之后由于长江携带泥沙的堆积，使江岸不断南移。在南移的过程中，又由于长江主泓在镇扬之间南北摆动，所以有淤有冲，岸线经常变化。

如图2-2所示，在春秋战国时期，镇江与扬州之间是长江的入海处，江面呈喇叭形向南北展开。江水北岸直抵蜀冈断崖之下，南岸则在从云台山、北固山到象山一线。镇江的焦山和松寥山在长江水道中对峙而立，如同门户，因此在历史上也被称作"海门"，至今在焦山和松寥山的陡崖上，还能找到海浪和潮汐长期侵蚀留下的痕迹。

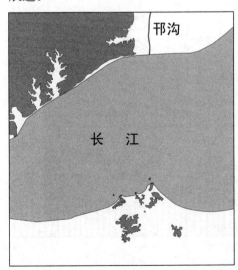

图 2-2 春秋时期镇扬之间地势图
来源：自绘

到汉代，蜀冈之下现在的扬州城区才逐渐出水，但当时长江潮水仍然声势浩大，波澜壮阔的"广陵潮"是当时的一大奇观。魏文帝曹丕看到广陵潮曾惊叹："嗟乎！固天所以限南北也。"可见当时长江两岸交通往来是十分困难的。

南北朝以后,随着长江入海口东移,潮水对于镇江与扬州之间江面的影响逐渐减小,长江两岸的交通有所改善。东晋时期,镇江与扬州之间的长江水道是北人南迁的主要通道之一。同时,这一时期长江河道在南京到镇扬之间形成"S"形的转折,对两岸分别形成长期的冲刷和淤积的效果。北岸扬州一侧的江岸受到江水携带泥沙的堆积,渐渐由河漫滩演变为冲积平原;南岸镇江一侧由于沿江多山,抗冲刷能力较强,因此岸线一直较为稳定。长江泥沙堆积的另一个后果是,江心之中开始淤积出大大小小的沙洲,其中最著名的要数瓜洲。瓜洲在南北朝末期已经出水,到唐代中期日益增大,并最终与北岸连为一体,成为陆地的一部分。

到清代中后期,长江主泓改道,镇扬之间的冲淤形式完全反转。扬州一侧泥沙淤积出的江岸在长期冲刷之下开始崩塌,已经成陆的瓜洲大半再次沦于江水之中,淮扬运河的入江口被迫迁移至六圩。镇江一侧则开始不断淤积泥沙,形成许多大规模的沙洲,对镇江的码头和港区造成极大影响。同时,原本矗立于江中的金山,在西南两个方向先后开始出现淤沙。到光绪末年,金山四面涨沙已达2 362亩,征润洲与金山西南面淤涨的滩地已经与南侧的江岸相连。

总体来说,虽然镇江与扬州地理位置相近,但由于分列长江南北两岸,且地貌和环境区别较大,长江对两座城市的影响并不完全相同。

从对镇江与扬州地理条件的介绍中可以看出,两地的自然环境都非常适合人类生活,因此远在三千多年前就有人类文明的痕迹。早在旧石器中期,这里沿长江一带已有人类繁衍生息,考古学上称之为"湖熟文化"。但是在运输工具尚不发达的时代,镇江与扬州之间的长江就是分隔南北的天堑,两岸完全没有互相往来的条件。因此,镇江与扬州的文明发展最初是各自独立的。

2.1.1 邗沟与扬州建城之始

扬州的早期文明遗址主要分布在蜀冈以北的台地上。扬州的先民属淮夷部落的一支,称为"干"。周武王灭商以后大封诸侯,将他的儿子封于此地,称为邗国[1]。西周末年,邗国被吴国所灭,成为吴国的属地。周敬王三十四年(前486年)秋,吴王夫差为实现其称霸中原的野心,在邗国旧址之上筑城作为屯兵贮粮之所,并在城下开凿水道连通江淮之间的水系,以使水军北上,即《左传》所载:"秋,吴城邗,沟通江淮。"这条沟通长江与淮水的水道就是后世大运河主航道最早成形的部分——邗沟,吴王夫差所筑之城就是扬州最早的城池——邗城。从城市性质来看,建城之初的邗城是一座军事营寨城,以"屯兵贮粮"为主要功能,担任着守卫邗沟的入江口并保障沿邗沟北上军队的后勤供应的职责。

邗沟最初修建时的路线为"自广陵北出,武广湖(今邵伯湖)东,陆阳湖(今渌洋湖)西,二湖东西相直五里;水出其间,下注樊梁湖

---

[1] 《姓考》:"周武王子封邗,因氏。"

（今高邮湖）。旧道东北出，至博芝（今广洋湖）、射阳二湖。西北出夹邪，乃至山阳矣"[1]。这条运河路线最大程度地利用了自然湖泊，这样可以降低开凿时的工程难度，缩短工程时间，满足吴王夫差急于北伐的需求，但是完全依赖于自然湖泊就造成航道路线曲折，且极易受湖面风浪影响。

东汉末应劭《地理风俗记》中记载："昔吴将伐齐，北霸中国，自广陵城东南筑邗城，城下掘深沟，谓之韩江，亦曰邗溟沟，自江东北通射阳湖。"这是有关邗城位置最早的记载，但这段记载并不能明确邗城是在汉广陵城之内的东南角还是在广陵城之外的东南方。扬州唐城考古队曾在汉广陵城和唐子城遗址的考古发掘中发现了少量春秋战国时期的遗迹，似乎可以说明邗城以及楚广陵城应该就在汉广陵城内的某个区域，但仍不能确认邗城的准确位置。从自然条件来看，当时扬州一带还处于长江入海口处，蜀冈之下经常受到江水侵扰，只有蜀冈地势较高，宜于居住和建城。2009年在城市建设中挖出了不少战国时期的陶质井圈，这些井圈出土的地点在沈家山，正好位于广陵城的东南方位，即蜀冈东端的高地上。因此，很有可能沈家山这个地点就是古邗城的位置[2]。吴国灭亡后，《史记》记载楚王熊槐尝"城广陵"，这是扬州建城史上的第二次记录。但关于这两座城池的位置及形制规模，至今学术界仍没有定论。

汉建安二年（197年），广陵太守陈登在白马湖和津湖之间，凿濑穿沟，使津湖北口与白马湖连通。这条河线在原河线以西，所以历史上称此河线为邗沟西道。邗沟西道形成之后，改变了以往运道迂回曲折的情况，为以后里运河的发展奠定了基础。但是，最初的西道航行并不便利，曹操曾两次率水军经邗沟至广陵，船队在航行中都遇到了困难。由于西道通塞不常，到枯水季节更是经常断航，当时邗沟的东道并没有完全被废弃，实际上东道和西道是相辅并用的。

扬州初次发展为城市是在西汉时期。汉高祖十一年（前196年），刘濞受封为吴王。在刘濞的统治下，广陵得到了较大的发展。南朝宋代的鲍照在《芜城赋》中回忆当时的广陵："柂以漕渠，轴以昆岗。重江复关之隩，四会五达之庄。当昔全盛之时，车挂轊，人驾肩。廛闬扑地，歌吹沸天。孳货盐田，铲利铜山，才力雄富。"[3] 广陵之所以发达，是因为一方面是当地的自然资源丰富，拥有当时最重要的经济物资盐和铜；另一方面，邗沟所带来的水上交通的便利也是导致广陵繁盛的重要因素。

目前为考古和文献资料所确认的扬州最早的城址是位于蜀冈之上的汉广陵城。根据考古发掘地沟探层的情况，汉代城址位于蜀冈古城址最下面的地层，城墙夯土坚硬，夯层整齐，其他朝代的夯土只是在汉代城的基础上进行加高和修补。也就是说，历经六朝时期，直至隋代建江都宫和唐代扬州子城都未离开西汉广陵城这个基础[4]。

1　郦道元：《水经注》。
2　扬州市文物考古研究所等：《扬州城1987—1998年考古发掘报告》，文物出版社2010年版。
3　雍正《扬州府志·艺文》引南朝宋鲍照《芜城赋》。
4　蒋忠义，王勤金等：《近年扬州城址的考古收获与研究》，《南方文化》1992年第2期。

汉广陵城的城垣遗址范围已经由考古发掘确定，城址东南起自铁佛寺，自北顺城垣至江家山坎附近，转而向西至尹家桥头，再向西南至南河湾，径直向南伸，其南界则为观音山至铁佛寺一线[1]。城的周长约合十四里，平面呈曲尺形，与《后汉书·郡国志》中记载的"城周十四里半"大致吻合。由于史料的缺失，目前尚不了解汉广陵城中的布局情况。汉广陵城的城门数量也还没有明确，但综合考古和文献资料，基本可以确定汉代广陵城至少曾经有过三座城门。1978年10月在广陵古城遗址发掘中，确认存在北门[2]。另外，据《汉书·五行志》记载："景帝三年十二月，吴二城门自倾……其一门名曰楚门，一门曰鱼门。"这三座城门中并没有一般城池都存在的南门，《宋书·文五王传》中记载"广陵城旧不开南门，云开南门者，不利其主"，实际上广陵城的南垣正好位于蜀冈南侧的断崖之上，城墙内外高差很大，即使开门也很不方便使用。

图 2-3 汉广陵城城址示意图
来源：自绘

2.1.2 丹徒水道与镇江建城之始

镇江地区在商末周初秦伯、仲雍至此，始有文字记载，称为"宜"，春秋战国时期称"朱方"，是当时吴国早期的政治中心和军事防守要地之一。目前在镇江地区考古发现的春秋时期聚落遗址大多位于今丹徒区和丹阳市附近，从遗址形态和出土文物来看，受吴文化影响较深。

镇江地区最早的运河开凿活动始于秦代，据《太平御览》引南朝刘桢《京口记》载："秦王东游观地势，云此有天子气，使赭衣徒凿湖中长冈使断，因改为丹徒，今水北注江也。"[3] 当代的研究者大多认为

---

[1] 纪仲庆：《扬州古城址变迁初探》，《文物》1979年9月。
[2] 发掘中有"北门壁"砖出土。
[3] 《太平御览》卷六六《地部三十一》。

这是对镇江地区自然水道的一次整治,由此形成了从丹徒北通长江的人工水道,这条水道就是大运河在镇江最早的雏形,当时被称为丹徒水道。但是由于镇江地势较高,丹徒水道的水位难以保持,通航能力不高。因此在秦汉时期,丹徒水道沿线没有形成运河城市。

东汉末年,随着军阀割据的兴起,丹徒成为东吴的领地。汉献帝兴平二年(195年),孙策为应付北方曹操的军事压力,命孙河领兵屯"京"地(即今镇江市区北固山、鼓楼岗、京砚山一带),并建筑城池。孙河死后,建安九年(204年),他的侄子孙韶继续"缮治京城,起楼橹"。建安十三年(208年),城池已经建好,"权始自吴迁京口而镇之"[1]。这座"京城"就是现今镇江城区范围内最早的城池所在。

京城虽然还不能被称作城市,但是推动之后城市发展的根本动力——运河,此时已经从丹徒延伸到了京城附近,其入江口当时被称作京口。根据《元和郡县志》记载:"京上郡城,城前浦口,即是京口。"[2]《唐书音训》上也记载:京口,在润州城东北甘露寺侧。也就是说,京口的本意是指北固山下的河道入江口,后演化成了这一地区的代称。1984年,镇江博物馆在北固山东侧进行考古发掘时,发现了这条河道的遗迹。从路线上来看,该河道在北固山东侧入江,向南经今东门广场一线,到丁卯桥入丹徒水道[3]。在文献中并没有京口河道具体修建时间的记载,但是从东吴政权的迁移时间来看,应该是在195—208年之间。这条水道与丹徒水道相连,可以直达吴郡,保障了京城这个前线与位于太湖流域的东吴腹地之间稳定的联系。因此,镇江最早的城池——京城就已经与运河建立了密切的关联。

史载"京"城"周回六百三十步,开南、西二门,内外皆固以砖壁"[4],由于其"雉堞缘岗,弯环四合……圆深之形,正如卓瓮"[5],又被称作铁瓮城。从这些记载中可以发现,铁瓮城的规模很小,周长六百三十步,相当于三百零五丈,以类似圆形计算,面积还不足0.1平方公里。城池四周都以砖石砌筑,十分坚固。在现今北固山的前峰,山上仍有一段"U"形土岗,高出地面15~20米。通过镇江古城考古所与南京大学考古专业合作进行的考古发掘工作发现,已经可以断定,这段"U"形土岗就是三国至明清多次修筑叠压的城墙[6],即铁瓮城的遗址。

古人评价这座城池时说:"京城因山为垒,望海临江,缘江为境。"[7]这段话准确地描述了铁瓮城借助自然地形,居高临下,以长江为天然屏障的优越地理位置。这种筑城特点在当时南方的古城中是具有代表性的。湖北鄂州的吴王城和南京石头城都是位于长江岸边,并充分利用土山或石山等自然条件,因地制宜建造。

铁瓮城建成之后,为加强这座军事要塞与东吴腹地的联系,孙吴政权将丹徒水道的入江口从丹徒迁移到了京城所在的北固山东侧。

---

[1] 《建康实录》卷一。
[2] 《京口山水志》卷九。
[3] 刘建国:《晋陵罗城初探》,《考古》1986年第5期。
[4] 顾野王:《舆地志》。
[5] 程大昌:《演繁露》。
[6] 刘建国:《古城三部曲——镇江城市考古》,江苏古籍出版社1995年版。
[7] 《南齐书》卷十四。

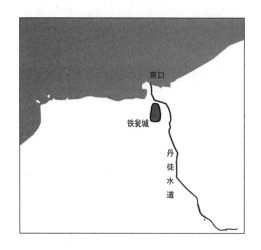

图 2-4 东吴时期镇江城市形态
来源：自绘

2.2 南朝时期的侨民之城

虽然到东汉末期，镇江和扬州都已经分别具有了运河城市的雏形，但是由于镇江和扬州所处的区域并不是当时的经济中心，所以城市规模都不大，地位也不高。真正促进镇江和扬州城市大发展并将这两座城市联系起来的是东晋时期的晋人南迁活动。

东晋永嘉大乱之后，"五胡乱华"，中原汉人政权遭到驱逐，各方汉人势力朝着不同方向的偏远区域流动。与此同时，人民也随而播迁。当时移民南迁后的最终定居地分布极为广泛，长江流域上至巴蜀，下至扬吴，甚至南方的会稽沿海、珠江流域都有移民的踪迹，但是以建康为中心的江南地区，是移民聚居的重心所在，所谓"洛京倾覆，中州士女避乱江左者十六七"[1]。这是因为，在当时交通工具尚不发达的情况下，移民只能是尽量选择顺地势、以舟楫通过水路进行迁移。当时江淮之间已经有邗沟，幽、冀、青、并、兖州及徐州之淮北的流民渡过淮河之后，自然选择沿邗沟南下至广陵过江，再由京口沿丹徒水道和江南运河分散至江南各地。因此，江南移民的数量在东晋南朝南迁移民中占有相当优势，移民的整体素质也优于其他地区。在江南地区内，京口、广陵一带又是东晋南朝移民聚居区的重中之重。

广陵由于控扼南下主要通道邗沟的入江口，接受了大量来自山东青州、兖州的移民，晋明帝时（325年）侨置兖州于广陵，因此扬州也被称为南兖州。从东晋到南朝宋文帝元嘉时期，广陵一带的社会秩序比较稳定。在北方移民带来的先进技术和文化的影响下，广陵城市经济迅速发展，城市地位也逐渐上升，成为江淮地区最发达的城市。东晋太和四年（369年），桓温担任徐州和兖州刺史，"发州人筑广陵城"[2]。刘宋时期，竟陵王刘诞多次修筑广陵的城池，大明元

[1] 《晋书·王导传》。
[2] 《晋书·桓温传》。

年(457年),"因魏侵边,修城隍"[1];大明二年(458年),"发人筑广陵城"[2]。可以说,在南北朝前期广陵城市得到了一定的发展。但是,自宋文帝末年至孝武帝大明三年(459年)间,广陵连续遭到两次战争的摧残,城市被破坏殆尽。刘宋末期,诗人鲍照经过扬州,所看到只有"落日荒城草,西风井径寒"[3]的荒芜景象,"芜城"也成为扬州的一个代称。

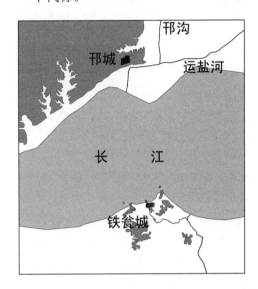

图 2-5 汉魏时期镇扬之间地势图
来源:自绘

与多次受到战火摧残的广陵相比,南北朝时期的京口由于长江天堑的存在,社会环境则相对安定,城市得到了长足的发展。京口在晋人南迁的移民浪潮中接收了大量北方移民,南朝刘宋时期京口的城市人口有四十多万人[4],据谭其骧先生推测,其中南迁侨民多达二十万[5],是名副其实的"侨民之城"。陈寅恪先生在分析南朝区域政治时指出,南迁移民不便又不易插入江南士族聚居的吴郡及其近旁地区生活,所以南迁贵族大多居住在建康,而平民只能选择离都城不远当时又尚未充分开发的京口晋陵地区[6]。京口地区之前未得到有效开发,是由于地理地貌与江南腹地不同。以丘陵岗地为主的京口地区并不适宜江南的水稻生长,反而比较适合旱地作物的生长,吴人"饭稻羹鱼"的生活生产方式无法开展,因此这里迟迟未能得到开发。北方移民南迁之后,饮食习惯仍然以面食为主,适宜种植旱地作物的京口地区自然成了北方移民的"乐土"。南朝时的南东海郡、南徐州和南兰陵郡都相继以京口为郡治或州治,东晋时期著名的北府兵就是以南迁移民为主力组建的。南朝宋、齐、梁三个朝代的帝王,都是起家于京口,而其所依靠的正是南迁移民所形成的政治和军事力量。

同时,京口作为南朝防御北方各国南侵和拱卫都城建康的军事要地,在平定内乱、镇压起义、匡扶晋室乃至刘宋王朝的建立中,都起着不可低估的作用。顾祖禹在《读史方舆纪要》中亦曾论及"建业之有京口,犹洛阳之有孟津。自孙吴以来,东南有事,必以京口为襟要。京口之防或疏,建业之危立至。六朝时,以京口为台城(南京)

---

1 《南史·竟陵王传》。
2 同上。
3 欧大任:《广陵怀古二十首其三》。
4 《宋书·州郡志》"南徐州":今领郡十七,县六十三,户七万二千四百七十二,口四十二万六百四十。
5 谭其骧:《晋永嘉丧乱后之民族迁徙》,《燕京学报》第15期。
6 陈寅恪:《述东晋王导之功业》,《金明馆丛稿初编》。

第二章 城池方初现：京口与广陵

门户……锁钥不可不重也"。实际上，在整个六朝时期，京口是地位仅次于建康的核心城市。

东晋时期，由于接收了大量北方移民，京口的人口规模和城市地位都大幅上升，郗鉴和王恭分别主持了对镇江城池的改造和扩建工程。郗鉴是东晋成帝咸和年间(326—334年)的徐州刺史，负责镇守京口。由于"时贼帅刘征聚众数千，浮海抄东南诸县，鉴遂城京口"[1]，这是东晋时期有记录的第一次城池建设。王恭是东晋孝武帝时期的南兖州刺史，曾坐镇京口多年。梁陈时期的顾野王著《舆地志》，称"今之城宇，多恭所制"[2]，或曰"王恭更大改创"。但是文献中并没有对于郗鉴和王恭修筑的城池的详细描述，只有一些当时的地名可以作为旁证。据《嘉定镇江志》记载，王恭"作万岁楼于城上，其下有桥，故以千秋名"。今千秋桥名仍存，在凤凰岭下西侧，与铁瓮城西垣相连接。

近年来城市建设中在花山湾地区发现了六朝时期的城址遗迹，1984年镇江博物馆对该遗址进行了考古发掘。此城位于镇江市区东北花山湾丘陵土山上，其走向随山势多有曲折，整体平面略呈梯形[3]。城墙大都是依山加土夯筑，在夯土的外侧，还有砖砌的护墙。少数城砖之上印有文字，其中有"晋陵""晋陵罗城""罗城砖""砌城""东郭门""南郭门"等。夯土、文字城砖、城内文化堆积等考古资料都表明，此城修筑于东晋时期，即当时治于京口的晋陵郡的罗城，城池修建者应该就是文献中记载的郗鉴和王恭。晋陵罗城的城池周长约5公里，东垣长约700米，南垣全长约1 200米，西垣和北垣全长约1 400米，面积接近2平方公里。相比铁瓮城时期，城市面积大幅增加。现存城墙底宽40~70米，顶宽5~15米，许多部分是利用自然山体改造而成，只需在山顶加筑2~3米的夯土，就可形成高出周围地面10~20米的城垣。东垣和南垣外，原有壕沟环绕，现东垣外仍有遗迹，南垣外已无存。此城城门的位置尚未查明，但据已见的"东郭门""南郭门"文字砖，表明确有城的东门和南门。镇江城内最早的商业中心——大市口和小市口在这一时期已经形成。1993年在小市口所在的青云门附近，通过考古发掘发现了一段南朝时期夯土墙的遗址。从规模上来看，这段夯土墙可能是当时坊市的围墙。墙体正位于铁瓮城南垣的南侧，相距约200米，并与子城中轴线垂直[4]。从中可以推测，当时坊市是沿子城中轴线两侧对称分布，结构方正，街道走向也与之对应。

在城池遗址中，还发现了贯穿该城的河道遗址，即上文所确认的从北固山东侧入江的丹徒水道。当时京口城的贸易往来全靠这条运河，因此沿着这条河道的两岸，商业和服务业应运而生。万岁楼、芙蓉楼等纷纷开张，"万岁楼边谁唱月，千秋桥上自吹箫"[5]就是对京口当时繁华的追忆。

从京口入江的丹徒水道，在六朝期间进行过几次重大治理，早在孙吴时期，就曾"凿丹徒至云阳"[6]，降低了丹徒水道的河床。东晋

---

1 《晋书》卷六十七。
2 《至顺镇江志》卷二引《舆地志》。
3 镇江博物馆：《镇江市东晋晋陵罗城的调查和试掘》，《考古》1986年第5期。
4 刘建国：《古城三部曲——镇江城市考古》，江苏古籍出版社1995年版。
5 《舆地纪胜》卷七《景物下》。
6 《太平御览·周郡部》卷十六。三国末年，吴主孙皓命岑昏"凿丹徒至云阳，而杜野、小辛间，皆斩绝陵堑，功力艰辛"。杜野小辛之间，即丹徒水道的中段，这里地势高仰，是丹徒水道"南倾北泄"之所，这次整治之后降低了河床，提高了通航能力。

时期,为保持运河水位,在京口城南建立丁卯埭[1]以蓄水。齐建武间(494—497年),齐明帝也曾"凿丹徒、云阳运渎"。《齐志》称"丹徒水道,入通吴会",说明当时从镇江已经可以直达吴郡和会稽。但是丹徒水道的通航能力并不高。南朝谢灵运曾有"晓日发云阳,落日次朱方"的诗句,说明从丹阳到镇江不过六十几里的水路,航行需要整整一天。虽然如此,在京口城内外出土的六朝文物中,已经发现有大量各地的青瓷以及数量较多的铜铁器和珍贵的金银器、玉器、玻璃器等。这些物品都不产于本地,是从全国各地远销而来,而运输这些货物的途径只能是通过运河进行水运。可以说,六朝时期的京口城已经脱离了作为军事基地的萌芽阶段,成为具有一定人口规模和商业基础的功能完整的运河城市了。

[1]《舆地纪胜》卷七镇江府《景物》引:"晋元帝子衷镇广陵,运粮出京口,为水涧,奏请立埭,丁卯制可,因以为名。"

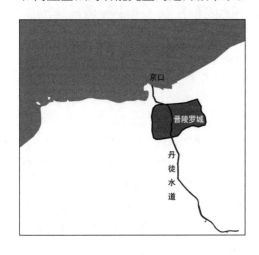

图 2-6 东晋时期镇江城市形态
来源:自绘

第三章 江河交汇地:润州与江都

3.1 隋唐时期的漕运枢纽

隋代对春秋至南北朝时期遗留下来的运河以及运河故道进行了全面的修筑和疏通以后,形成了贯通南北和东西的大运河系统。从此,大运河成为南北物资交换的主要通道,控扼大运河南北交汇点的镇江与扬州就成为联结南北交通的重要枢纽,两座城市的命运自此被大运河紧紧联系在一起。

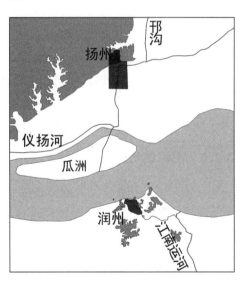

图 3-1 唐代镇扬之间地势图
来源:自绘

隋代建成贯通南北的大运河系统之后,江南地区的漕粮和财赋就源源不断地通过运河向北方的都城输送。隋代和唐初的时候,漕船北上的路线是出京口渡江直达北岸的扬子津,当时镇江与扬州之间已经不是长江的入海口所在,但是两者之间的长江航道仍然阔达40余里。初唐时期,镇扬之间的航道长期处于南冲北淤的态势,北侧开始淤积出小岛,瓜洲就是其中之一。到唐代中叶,北岸淤积越来越严重,江滨的淤沙达到25里之多。瓜洲也不断扩大并最终与北岸相连，堵塞了位于扬子津的运河口门。当时漕粮北运或水运至瓜洲卸船，通过陆运至扬州再装船北运，路上损耗极大；或绕行瓜洲尾部再进入扬子津河道，在长江中逆行60余里，船只在江中很容易翻溺。为改变这种状况，唐开元二十五年(737年)，润州刺史齐澣主持在瓜洲中部开凿了伊娄渠，使漕船可以贯穿瓜洲岛直抵扬子津[1]，此后大运河的北侧入江口从扬子津迁移到了瓜洲。为对应瓜洲的运河入江口，齐澣还把润州的漕船入江口从甘露港迁移到了大京口。从此，京口至瓜洲成了漕船过江的固定线路，镇江和扬州从中获益匪浅。

依托大运河沟通南北的交通优势，扬州在唐代发展成为全国数一数二的城市，达到了城市发展的第一次高峰。无论是水路还是陆路，扬州在唐代都是全国交通的枢纽。水路方面，扬州向南通过江南运河连接江南腹地的吴越；向西通过长江连接湖北、四川；向东则直接出海，是当时对外贸易的主要海港之一；向北则汇集了南方各地运往中原的物资，沿邗沟北上可达中原内陆。陆路方面，由于唐代的驿路基本沿着重要河流双线并行，扬州的驿路同样是通向四面八方，向北通往中原汴州直至长安，向南通达吴、越、湘、鄂、粤，覆盖了当时全国的大部分地区。天宝年间，由扬州中转"每岁水陆运米二百五十万石入关"[2]，占全国稻米赋税的半数。除了漕运枢纽所带来的优势，唐代扬州的繁荣还受益于自汉代开始的盐业。唐代实行盐法改革，各产盐地的盐一律官卖，严禁走私，从此盐税便成为朝廷的重要收入。淮南淮北地区是当时全国主要的盐产区之一，其所产之盐全部由通扬运河运往扬州集中，再行销往南方各地。巨额的盐税收入使扬州成为当时全国最富裕的城市之一，时称"扬一益二"。由于商品经济发达，中唐以后扬州在全国最早突破了汉代以来实行的坊市制度，"侨寄衣冠及工商等，多侵衢造宅"[3]，说明当时已经有商人打破坊墙的限制，沿街开店。

3.1.1 围河筑就扬州城

隋唐时期扬州在全国的地位直追长安与洛阳，是名动天下的商业大都会。隋代已经开始对扬州进行城市建设。隋炀帝登基之后不久，就下令将广陵故城改造成江都宫，以便他到扬州游玩。这次改建没有留下任何详细记载，但通过史书中关于宇文化及如何在江都发动兵变，逼杀隋炀帝的记述，我们可以推测当时江都宫城的大致布局：将原广陵故城分为东西两部分，西部较大，为宫禁所在地，却省略了用作朝会的皇城设置；东部较小，为数万禁军屯驻之所，称为"东城"[4]。蜀冈之下的滩地，在长江多年的淤积下，已经逐渐成陆，形成了一片广阔的平原。于是隋炀帝将广陵内的原有居民迁至城外蜀冈之下的平原上居住，使江都宫城成为他专属的居所。另外，隋江都城的外郭也比较特别。当时很可能规划了横长形的外城城郭，但是由于隋朝很快灭亡，只建成了靠近宫城的几段墙垣，未能

---

[1]《丹徒县志》卷十一《河渠》引《新唐书·齐澣传》，"徙漕路縣京口埭，治伊娄渠以达扬子(今扬州市扬子桥西三汊河)，岁无覆舟，减运钱数十万"。

[2]《通典》卷十《食货典·漕运》。

[3]《旧唐书·杜亚传》。

[4] 徐冰：《扬州古城变迁史》，引自《扬州唐城考古与研究资料选编》。

形成轮廓。在针对扬州唐城遗址的考古中,曾探明唐子城南门和靠近子城的罗城西墙北边的城门均为一门三洞结构。笔者推测,这两座城门很可能是隋代建立的。因为隋炀帝是把江都作为两京以外的准都城对待的,其城门自然是按照可以通过皇帝车驾的标准而建设。

唐代建立以后,江都宫成为扬州大都督府和淮南节度使的驻地,被称作"牙城",原江都宫城的东西城格局合二为一。由于历史资料缺乏和未能进行考古发掘,目前仅知大多数衙署机构都位于牙城内,其中大都督府位于牙城内的十字街一带。蜀冈之下的平原地区,在隋代被迫从宫城迁出的移民基础上继续发展,到唐代后期修建罗城的时候,已经成为富甲天下的重镇。其中,吸引人口定居的最主要因素,就是自隋代贯通的大运河。大运河虽然隋代才全面贯通,但是在南北朝期间就已经延伸到了蜀冈城下,入江口已经达到仪征附近的欧阳埭。唐代伊娄渠开通之后,运河路线稳定下来,各地商人纷纷前来定居,沿运河形成了繁荣的居民区和商业区。如唐代中前期的许多州府一样,这片区域最初没有城墙,到了唐末藩镇之乱时期,才在淮南节度使陈少游主持下,匆忙修筑城墙围筑起来,形成"罗城"。

从近年对于唐代扬州罗城城墙的考古发掘中可以知道,罗城的城墙除靠近蜀冈地段以外,基本是就地取材,用所处的长江冲积平原上的沙壤土堆筑而成,仅拐角处包砖加固并定型,极易坍塌。在唐末的历次战争中,虽屡有加固,仍难以维系。到五代末,后周占领扬州后,只能感慨此城"城大难守",仅以唐罗城的东南角重筑子城(周小城)作为州治。经考古探测,罗城东界靠近现代的运河,西界与子城的西城墙在同一条延长线上,南界今南通西路,平面大致呈长方形,南北4 200米,东西3 120米。罗城与子城连起来,整个扬州的城市范围覆盖蜀冈上下,在当时是规模仅次于长安和洛阳的全国第三大城池。

关于罗城街巷的布局,可以通过文献对于扬州城内运河和桥梁的记载进行推测。运河上的每一座桥梁都意味着有一条跨越运河的道路,因此考察桥梁的分布,可以在一定程度上推测出唐代扬州城内的街巷布局。唐代有许多诗人以扬州的桥梁为描写对象,其中以杜牧的"二十四桥明月夜"最为闻名,沈括在《梦溪笔谈》中也明确记载"可纪者有二十四桥"。目前经过研究,已经基本明确了这些桥梁的分布。子城南侧的浊河上自西向东分布着浊河桥、茶园桥、大明桥、九曲桥、下马桥和作坊桥,其中前三座位于城外,后三座则位于子城之前。在纵贯唐代罗城南北的官河上,从北到南分布着洗马桥、南桥、阿师桥、周家桥、小市桥、广济桥、新桥、开明桥、顾家桥、通泗桥、太平桥和利园桥,共计12座。另外,在邗沟之上有参佐桥和光山桥,出南水门之外还有万岁桥和青园桥。实际上,扬州罗城内不止官河这一条河流,还有一条平行于官河的市河,据研究该河上也有北三桥、中三桥和南三桥。这样,唐代扬州的桥就远不止 24 座了,但是影响了罗城内街巷格局的,主要还是官河上的 12 座桥。这 12 座桥中的 8 座至今仍然存在,位置基本未变,只是名称有所改变。考古工作者根据这些桥的位置,用钻探法在桥的东西两侧探出了原有的东西向街道。经实测,这些桥之间的间距大多在 300~350 米,这也意味着唐代罗城内东西向街道的间距是 300~350 米。唐代扬州罗城南北方向的主干道路在考古勘探中,曾经被勘探出三条。经过实测,三条南北主干街道的道路宽 5~10 米,间距是 600 余米。这样,唐代扬州罗城内就呈现出 300 米×600 米的棋盘式道路格局。

串联这些道路的,是纵贯扬州老城的运河河道,当时称为官河。由于修建罗城之前蜀冈之下的居民大多沿运河而居,所以罗城必然将运河的一段包入城市之中。官河两岸本就是繁华的地段,包入罗城之后成为城内的商业中心地带。从考古发掘的成果来看,官河河道就是唐罗城的中轴,只不过这一中轴是北偏东 4~5 度的斜轴。这条轴线对扬州城市形态的影响一直延续到今天,从唐代以后一直到近代都以河道的形式存在,直到 20 世纪 80 年代被填埋之后,修筑了现在扬州老城的南北主干道汶河路。

罗城内的布局形式没有记载,但是由于唐代普遍实行里坊制,所以扬州罗城内同样设置众多坊和里。据墓志铭等资料显示,罗城内西半部分属江都县管辖的坊有太平坊、赞贤坊、来凤坊等十余处里坊,东半部分属江阳县管辖的则有瑞芝坊、临湾坊、弦歌坊等十七处里坊。这些里坊中最早的是天宝十年《大唐故阳夫人墓志铭》中提到的来凤里,与扬州罗城修筑的时间相差不多,所以唐代扬州的里坊体系很有可能是筑城之后才形成的。

关于唐代扬州的里坊,还有一点值得探讨的是坊墙的存在与否。从目前城内大面积的考古发掘情况来看,在坊与坊之间尚未发现有坊墙遗迹,这对一般认为的唐代城市内都是封闭里坊的观念提出了挑战。实际上,只有唐中前期新建的州县治所,遵循建城的制度性规定,实行子城制度和里坊制度。如武周长寿元年(692 年)前后扩建的太原府城和开元十八年(730 年)兴建的云州城,以及唐初在东北和西北边陲所修的边城都在城内设置了封闭的里坊。根据日本学者爱宕元的研究,在隋以至唐前中期,绝大部分州县治所均沿用前代遗留下来的城垣,没有进行大规模的建设。因此,也不可能仿照长安、洛阳的制度建设封闭式里坊。扬州罗城的居民最初是自发聚集在运河沿线居住,就更不可能形成规整的封闭里坊了。

但是运河两岸市井作坊过多的话,也会对运河的运行造成负面影响。中唐以后,"侨寄衣冠及工商等,多侵衢造宅"[1],大量生活垃圾倾倒入运河,从而导致运河淤塞,影响到运河的航运效率,并危及漕粮。为保持这一交通要道的通畅,唐代采用了修筑水库和筑堰的方法来保持运河水位,并多次疏浚,但效果不佳。唐宝历二年(826

[1]《旧唐书·杜亚传》。

年)盐铁使王播"自城南阊门西七里港开河向东,屈曲取禅智寺桥通旧官河,开凿稍深,舟航易济,所开长十九里"[1]。李伯先先生认为,七里港河的南段,即自宝塔湾南向东的今之七里河,其屈曲向北再转东至禅智寺桥的部分,即为今之老运河。按地形图测算,全长约9公里,与十九里之数基本相符。城内官河自王播开七里港河后,日益淤浅,成为普通的市河了。

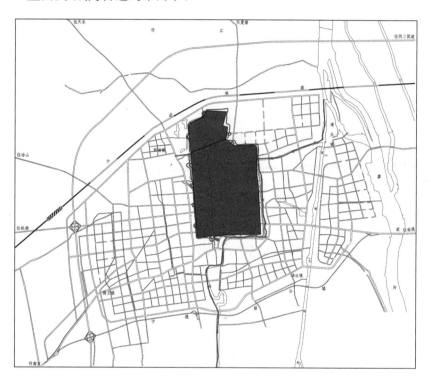

图 3-2　唐代扬州城址示意图
来源:自绘

3.1.2　沿河修筑润州城

对镇江来说,隋代大运河的贯通直接提高了水道的通航能力。大运河贯通之前,镇江的丹徒水道受制于地势高亢,水量难以保持,通航能力并不高,难以带动城市商业发展。直到大业六年(610年),隋炀帝"敕穿江南河"[2],对六朝以来自京口至吴会的水道进行了大规模的治理,镇江段的水道得到了全面拓宽,通航能力大大提高。自此,丹徒水道成为与江北段运河相对接的江南运河主航道的一部分,京口作为江南运河入江主口门的地位也由此奠定。"自是以后,南北渡者皆以京口为通津"[3],京口正式成为南北交通的枢纽,城市的商业也因此逐渐兴盛起来。唐代镇江称润州,由于长江入海口的东移,以长江潮水为主要水源的丹徒水道出现了水位下降难以通航的问题。唐永泰年间,润州刺史韦损奏请将东晋时期用于农业灌溉的人工湖泊——练湖重新开挖,并将湖水引入运河,解决了丹徒水道水源不足的问题。此后,练湖成为调节镇江境内运河水位的重要水柜,所谓"湖水放一寸,河水涨一尺"。此后,镇江境内的运河航运条件大为改善,润州的政治、军事、经济地位也不断提高。在隋唐时

---

[1]《旧唐书·王播传》。
[2] 司马光:《资治通鉴》卷一八一《隋记》五,"敕穿江南河,自京口至余杭八百余里,广十余丈,使可通龙舟"。
[3]《读史方舆纪要》卷二十五。

期，润州取代了南朝都城建康的地位，成为东南地区的行政中心城市。自唐永泰以后，润州常为浙西观察使的理所，管辖润、常、苏、杭、湖、睦6州37县，而建康却沦为润州下属的一个县。

隋唐时期，镇江和扬州都由于大运河而崛起，两者之中，扬州的地位尤为重要。究其原因，主要是当时政治中心长安位于北方，通过大运河进行转运的物资流向主要是由南向北，而扬州控扼大运河由南向北的入口，是南方所有地区到北方货运的必经之地，具有不可替代性。镇江作为江南地区物资北上的必经之地，虽然地位也很重要，但比起扬州则有不及。然而，这种由政治中心所带来的区位优势也会随着政治中心的迁移或衰落而削弱，甚至发生逆转。唐代安史之乱期间，江北运河受阻，扬州失去了漕粮转运的功能，趋向衰落。当时，南方各州府上贡的漕粮和租庸盐铁布帛等物，都在镇江集结，然后溯长江而上，改由汉水运抵关中。因此中唐以后，唐政权的存亡就维系在以镇江为集运地的漕粮运输上。吕祖谦在评价唐代漕运时，将京口称为"诸郡咽喉处"[1]。这是对中唐以后，镇江漕运地位的客观评价。

隋唐时期镇江被称作润州，但是中唐以前都没有修筑城池的记载，应该是延续使用六朝时期的晋陵罗城。隋炀帝时期开通的江南运河同理也应该是延续了丹徒水道的河道，从北固山东侧入江。但是随着长江入海口的东移，北固山东侧的江潮逐渐变小，难以维持运河的水位。北固山西侧的甘露港在唐代就已经投入使用，一度成为江南运河的主要入江口。当时江南运河在镇江的走向应该是从千秋桥和网巾桥下穿过，再向北到达北固山西侧的甘露港附近。到开元二十二年(734年)的时候，润州刺史齐浣开凿新河之后，京口埭成了运河的主要入江口并一直延续到清代。这两次运河河道的变化，直接影响了唐代镇江的城市形态。

唐代镇江修筑城池始于中唐时期的太和年间(827—835年)。当时的润州观察使王璠以铁瓮城为子城，并在铁瓮城的左右两侧各筑一座长条形的小城，称为东西夹城。两城的方位，大致在今解放路以东，花山湾以西，寿邱山—乌凤岭一线以北的范围之内[2]。东、西夹城连带子城，"共长十二里七十步，高三丈一尺"[3]。经过在花山湾地区的考古发掘和试探，发现东夹城与晋陵罗城的范围大致相同，推测很可能就是在其基础上重新修筑的；西夹城则是铁瓮城向西扩展，包括高桥(即渌水桥)一带至中市。这两座夹城特别是西夹城的平面形态与当时镇江运河的走向直接相关。

如图3-3所示，唐代运河恰好绕西夹城的边缘而过，也就是说修建西夹城的时候，很可能是以运河作为护城河，将运河沿线的主要地区留在了城外。史载王璠也曾"凿润州外隍"，但终究没有完成，这就给城市留下了进一步扩张的空间。

到唐乾符中(874—879年)，镇海军[4]节度使周宝对润州城池进行全面改建。在他的主持下，终于完成了润州罗城的修筑，将东西

---

[1] 吕祖谦：《历代制度详说》。
[2] 刘建国：《古城三部曲——镇江城市考古》，江苏古籍出版社1995年版。
[3] 《至顺镇江志》卷二《城池》。
[4] 唐代润州驻军称"镇海军"。

夹城与运河的大部包入城中。《嘉定镇江志》记载："罗城周回二十六里十七步,高九尺五寸,今颓圮。旧有十一门。"其中"东二门:北曰新开,南曰青阳;南三门:东曰德化,正南曰仁和,西曰鹤林;西二门:南曰奉天,北曰朝京;北三门:西曰来远,东曰利涉,次东曰定波"。

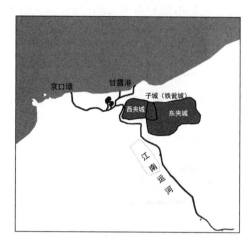

图 3-3　初唐镇江城市形态
来源:自绘

通过近年的考古调查和发掘,润州罗城的轮廓已经大致明确。罗城以北固山南峰的子城为起点,东侧应包括花山湾古城的范围[1],循此向气象台—东门广场方向,经古青阳门继续向南延伸。罗城的南垣东段,大致位于覆釜山、虎头山北侧,而南垣西段从鹤林寺北侧折向西北。北城垣亦从子城向西,沿长江岸边,越京口闸。西城垣由京口闸外侧,向南经山巷一带过登云门、阳彭山、东岳庙巷,斜向东南,与鹤林门合抱[2]。这次扩建之后的润州城,面积达到了其历史上的峰值。铁瓮城、夹城与罗城的相继建成,使润州形成了三重城墙的格局。

但是这种状况没有持续多久,至少在宋嘉定以前,东西夹城都已经不存[3]。笔者推测随着运河的改道,北固山东侧地区失去了经济发展的活力,因而东夹城消失;而西夹城的消失,则反映出运河沿线愈加繁华,河畔城墙的存在成为城市发展的阻碍。夹城消失以后,罗城东北侧的城墙应该有过重新修筑。从定波门的方位来看,这段罗城城墙的出现,应该是在夹城消失、花山湾地区衰落之后。

唐宋润州城的功能布局以运河为轴线展开。运河沿线逐渐形成了镇江的商业聚集区。其中今镇江的市中心所在的大市口就是唐代规模最大的市坊,当时称为大市。宋代坊巷制彻底解体之后,城市商业获得了更加自由的发展空间,沿街设市大量出现,特别是运河沿线的街道,成为城市中最繁华的地段。到了南宋时期,由于都城已迁至临安,漕运的主要方向改为由北向南。镇江作为江南运河的北入口,承担了漕粮存储和转运的重要职能。因此,在运河附近形成了大规模的粮仓。这片仓储区由独立的壕河所包围,通过拖板桥与城市相连。据《嘉定镇江志》记载,南宋期间,镇江设有转般仓、都仓以及户部大军三仓,其中转般仓是专门为漕粮转运而设,

---

[1] 在花山湾城垣的考古中,曾发现有唐代加筑或修城垣的迹象,表明此城在唐代还在继续使用。
[2] 刘建国:《古城三部曲——镇江城市考古》,江苏古籍出版社1995年版。
[3] 《嘉定镇江志》。

"前临潮河,后枕大江",以利于漕船装卸。历经增筑共计54敖,可储米60余万石。2010年在镇江发现的宋元粮仓遗址,就是南宋转般仓的一部分。

由于存世资料不多,我们无法清晰复原唐宋润州城的街巷格局。但是根据城市考古的成果,唐宋时期的几条主干道路同样受运河影响很大。如图3-4所示,唐宋时期运河自东南至西北斜向穿城而过,润州城内的主干道路或平行于运河或垂直于运河,因此也大多是斜向的,没有正南正北的道路存在。同时,为解决运河对城内交通的阻隔,唐代润州城内运河上多有桥梁,其中最著名的有5座,自北向南分别是板桥、渌水桥、千秋桥、利民桥和长桥,桥畔都是润州城的繁华之地。杜牧有诗云"渌水桥边多酒楼"。

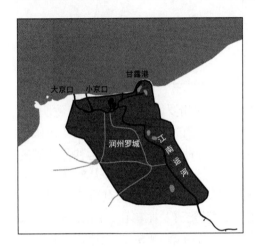

图 3-4 唐宋镇江城市形态
来源:自绘

3.2 南宋时期的边防要地

两宋时期镇江和扬州都经历了城市命运的剧烈转折。在北宋时期,宋代漕运的主要来源是长江以南的广大地区,沈括在《梦溪笔谈》中记录了北宋时期常年的漕运量以及各地配额:发运司每年供应京师米,以六百万石为额。其中,自淮南漕运一百三十万石,江南东路运九十九万一千一百石,江南西路一百二十八万八千九百石,荆湖南路六十五万石,荆湖北路三十五万石,两浙路一百五十万石。江南地区的漕粮要想进入汴河,必须先通过江南运河与淮南运河跨越长江和淮河。漕船过江之时,由江南各地北上的漕船由镇江的京口闸入江,至对岸的瓜洲闸进入淮南运河;由长江中游各省份北上的漕船则由真州(今仪征,古扬子津所在)经仪扬河再进入淮南运河。因此,位于江河交汇处的扬州和镇江在北宋时期依然是重要的漕运枢纽城市。只是在北宋初期,由于扬州在五代时期饱经战火,城市受到严重破坏,真州曾经短暂地取代了扬州的漕运枢纽和商业中心的地位。宋初全国漕运总量的四分之三都要从真州中转,宋时刘宰在诗中描写真州"沙头缥缈千家市,舻尾连翩万斛舟",并盛赞真州是"风物淮南第一州"[1]。

南宋时期,都城由北方迁移到了位于江南的临安。政治中心的变动导致漕运的输送方向也随之逆转,临安成为漕运系统的中心,江南运河是南宋时期唯一发挥作用的运河。江南地区的漕粮直接由江南运河运至临安,长江中游地区的漕粮则统一汇集至镇江,再由江南运河输送至临安,而位于长江北岸的扬州则丧失了漕运枢纽的地位。宋金虽以淮河为界,但江淮之间战火不断,长江以北时常成为前线,扬州屡次遭到战火侵扰。因此在南宋时期,扬州多次加建城墙,成为坚固的军事堡垒,但城市商业则一蹶不振。镇江则成为南宋江河运输网络的枢纽,不仅要把长江中游的漕粮转到临安,还负担着把长江中游及两浙的粮饷转输到两淮的任务,关系南宋政权的命脉。陆游曾点评镇江在南宋时期的地位,认为"四方之赋输,与邮置往来,军旅征戍,商贾贸迁者,途出于此,居天下十六七,其所系不愈重哉"[2]!南宋时期镇江人口发展到1.43万户,5.68万人,工商业仅次于平江。境内沿水陆交通线兴起了大批市、镇,如沿江南运河的有丹徒、辛丰、丹阳、陵口、吕城等。作为地域中心的镇江则成为重要的政治、军事、商贸、港口城市。宋代与交通有关的官署机构多设在镇江,如江口税务、江口税官厅、榷货务、转般仓监厅等,可见当时镇江地位之重要。

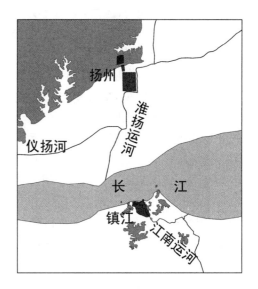

图 3-5 南宋镇扬地区地势图
来源:自绘

3.2.1 江防门户镇江城

北宋时期润州改称镇江,继承了唐代罗城的范围。但据北宋王存的诗云:"晚登北固顶,俯视南徐城。废垒何茫茫,山川迥纵横。"[3] 可见,当时城墙的状况已经多半倾颓却没有治理,这可能与北宋时期政治局面相对安定有关。北宋时期镇江的运河沿线已经极为拥挤,经过唐宋两代的发展,"盖渠自江口行九里而达于城之

---

1 刘宰:《送邵监酒兼柬仪真赵法曹呈潘使君二首》。
2 陆游:《入蜀记》。
3 《嘉定镇江志》卷二《城池》。

南门,民居商肆夹渠而列,渠岸狭不盈尺"[1]。因此,北宋时期镇江历任地方官花费了极大力气来整治城内运河以维持航运畅通,对运河上的桥梁也进行重新修缮。其中利民桥更名为嘉定桥,并在嘉定桥以南新建清风桥。由于该桥是由范仲淹主持重建,因此俗称范公桥。

到了南宋时期,在与金人隔江对峙的情况下,镇江成为南宋长江以南的防御门户,因此太守史弥坚在嘉定年间主持了镇江罗城的全面修缮和改造工程。当时唐罗城的北城墙已经不存,旧有的十一座城门只剩八座,且城外驻军为方便进出,在城墙上私自开凿了许多门洞。因此史弥坚创建罗城的工程有两个重点:一是调整和改造城外驻军随意开凿的城门,二是加筑临江的北城垣。整治后的镇江罗城共有二十六座城门,其中旧有八门,新开七门,另有十一座是专为军队服务的。同时,史弥坚疏浚甘露港,开凿转般护仓壕,引水筑埂环于西北,代替城垣,并延伸至北固山后峰之顶,消除了从这里攻打铁瓮城的隐患。改造后的镇江罗城,防御能力大为提高,无论是从江上入侵还是从陆路进犯的敌人都无法轻易得手。

由于缺乏文献记载和考古发现,南宋时期镇江城内的功能布局难以全面复原。但是,仓储用地应该在当时镇江城市中占有很重要的地位。南宋时期的镇江港除向都城临安中转大量漕粮外,还要向抗金前线的两淮地区转输军粮,每天都有大量漕船在镇江运河口集结并等候潮水以进入运河,港口十分拥挤。船只和人员的耗损严重。绍兴七年(1137年),转运使向子諲请求设置转般仓以收纳漕粮,得到许可,仓址在大围桥西北,前临潮河,后枕大江,十分方便。最初规模不大,开禧初年(1205年)将敖仓扩建为五十四座,可储米六十万石。嘉定时期,史弥坚再次拓展了转般仓的规模,在新开的归水澳旁兴建了二十座敖仓,使转般仓的储藏能力达到一百万石[2]。转般仓的主要功能是接收江南各地运来向长江输送的粮米,以便漕船中转运输。当时城内还有都仓、丰储仓以及三处户部大军仓,其中都仓位于府治东南,有仓敖60间;大军三仓中南仓位于范公桥(正东路东),东北仓位于子城西(北固山一带),西仓在江津(西津渡一带)。丰储仓建于绍兴十二年(1142年),储粮约100万斛,用于"饥荒军旅之备"。另外,咸淳年间(1265—1274年)在镇江下属的吕城镇建立了大有仓,共有40敖,容量当在40万石以上。其作用与转般仓相同,都是镇江港的中转粮仓。南宋时,镇江各仓的储存能力总计在240万石以上。

2009年,在双井路"如意江南"小区的建设工地上,发现了宋元时期的历史文化遗存。经考古勘探和发掘,先后发现了宋代至清代河道、宋元建筑夯土及宋代房基遗迹等,现已经确认其中8座宋代房基遗迹就是南宋转般仓的部分仓址,此次发现的河道就是宋代的漕河。此次考古发现为复原宋代镇江城市形态及运河走向树立了重要的地理坐标。

---

[1] 《嘉定镇江志》卷六《山川》。
[2] 同上,卷十二。

3.2.2 三城鼎立宋扬州

宋代扬州的城池沿用自后周时期所筑的小城。后周显德五年（958年），周世宗攻下扬州时，扬州城已成为一片废墟，于是命令韩令坤修筑城池，"以故城西据蜀冈，北抱雷陂，令坤以城大难守，筑故城东南隅为小城以治之"[1]。这座城池只取唐罗城东南角的一部分，城周二十里，约相当于唐城面积的三分之一，故称为小城。之所以取东南角，是因为唐中期以后，运河的主航道已经改道于罗城之外的东侧，东南角是最靠近运河的部分。自此，原先蜀冈之上的城池被废弃，扬州城的重心彻底转移到了蜀冈之下的平原地带。这次扬州城址的变迁，与其说是放弃了蜀冈之上的故城，不如说是选择了运河沿线更加繁华的地区，运河对于扬州城市发展的重要性在此得以显露无遗。

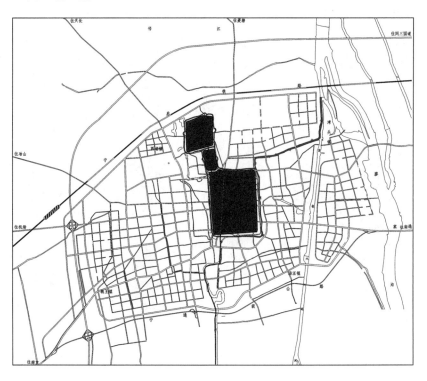

图 3-6 南宋扬州城址示意图
来源：自绘

宋代沿用了后周修建的这座城池，在北宋时期由于社会较安定，只是稍有加固和修整，并没有大规模修筑。到南宋时期，扬州成为与金对抗的前沿阵地，为适应防御的需要，开始大规模地修筑城墙。在乾道、淳熙年间，郭棣知扬州时认为蜀冈之上的汉唐故城"凭高临下，四面险固"，可据以防守来犯之金兵，在唐子城内西半部的废墟上修筑"堡寨城"（又称"堡城"），与作为州城的宋大城南北对峙。不久，又在两座城之间筑夹城，并在城外环以城壕。这样，宋代扬州就形成了三个城池相连的局面。到南宋后期，为对抗蒙古，又于宝祐二年至三年（1254—1255年），对堡寨城进行了更大规模的修筑，改名宝祐城。宋末，守将李庭芝又把宝祐城西侧的平山堂高地

[1] 《读史方舆纪要》卷二十三。

筑城包之[1]，使宋三城的防御能力更为坚固。

南宋时期扬州的城池变迁，主要是出于军事防御的目的。宝祐城和夹城的作用都是军事营寨，没有百姓居住。因此，宋代的扬州城仍然是以宋大城为主，其规模远小于唐代。宋城内的街道布局，经考古勘探，与《嘉靖惟扬志》卷首所附的"宋大城图"基本相同。只是《嘉靖惟扬志》把宋大城画成东西长、南北窄的长方形，城内的十字大街位于中心；而考古勘探的十字大街，只有东西大街横穿于城内中心，南北大街并不在城的中轴线上，而是大大偏于西侧，并且是条斜街，呈东北—西南走向（北偏东5度），与城内的市河走向一致。主要街道偏于城的西侧是宋城沿用了唐城的道路系统，却将城墙向东收缩造成的。这条市河就是唐代穿城而过的官河故道，到宋代虽然不再作为漕运航道使用，但依然可以通航。据沈括《梦溪笔谈》记载，唐代城内的二十四桥，到宋代仍有八座存在，其中五座位于市河之上。

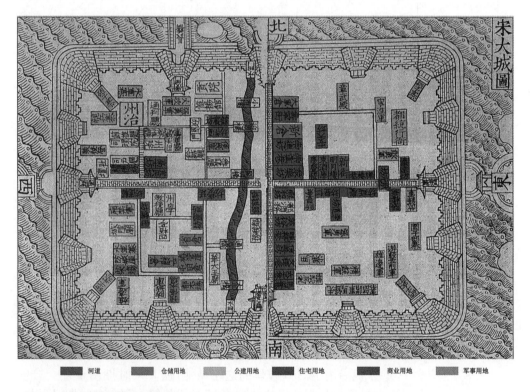

图 3-7 南宋扬州功能布局图
来源：在清康熙《扬州府志》宋大城图基础上绘制

宋大城的功能布局也受战争影响颇深，城内沿城墙的用地大多被驻军所占据，衙署机构和居住功能则位于城池中央。这种布局形式在最大程度上保障了城内居民的安全，也减小了驻军对于城市生活的干扰。另外，扬州城内也设有多处仓储场所，以备战争所需。商业用地则仅见于东北侧的一小块范围内，可见战争使商业规模大幅萎缩。

1 《宋史·李庭芝传》。

第四章　繁华鼎盛时：镇江与扬州

在元明清时期，漕运采取屯丁长运法。鄂、湘、赣及皖南的漕船由大江入仪征闸进入仪扬运河，而江浙两省漕船以及苏州、松江、湖州、嘉兴、常州5府的白粮俱由江南运河出镇江京口闸渡江直至瓜洲闸，然后同汇合于扬州高旻寺前的三岔河，经里运河出清口，行黄河数里，入中河，再经会通河、卫河、北运河而达通州或北京。从清初到嘉庆时期，由瓜仪两港转运的漕粮每年达 324.44 万石，约占全国漕运总量的 81%[1]，只有山东、河南两省漕粮就近直接北运，不需通过扬州转运。因此，镇江和扬州在京杭大运河时期仍然是控扼漕运咽喉的重镇。

凭借这种优越的地理位置，扬州和镇江在元代已经恢复了繁华，成为江淮地区的中心城市。马可·波罗在元帝国停留期间，曾沿运河游历，并在扬州居住达3年。其游记盛赞镇江与扬州商业繁盛，并指出城市的居民"以工商业维持生活，都很富裕"[2]。据《至顺镇江志》记载，当时镇江每年的商贸税额达到通钞19万贯之巨[3]。另一位在扬州游历过的传教士鄂多利克也在其游记中写道："其城甚广大，其户至少有四十万，亦云有五十二万……城中有船舶甚众。"[4] 到了明清时期，镇江和扬州把运河的交通优势发挥到了极致，城市经济和地位也达到了历史上的巅峰。

扬州在明清时期兼有漕运和盐运两大职能，城市商业进一步繁荣。扬州的商贸税额在明初约 13 000 两，到明末则达到了 25 600 两[5]，增长近一倍。当时扬州的商业以盐业贸易为中心，商人中尤以盐商居多。另外，由于明清时期实施纲盐制，每年要对盐商进行资产验证，金融业对于扬州尤为重要。每年分配盐引的时候，依靠发达的金融业，盐商们短时间内就可从扬州汇集上千万两的白银流往淮北进行验资。扬州盐业之所以如此兴旺发达是建立在政府实施纲盐制的基础上。对盐商来说，只要能得到政府派发的盐引凭证，就能获取暴利。因此扬州的盐业是一种基于制度垄断的商业模式，

---

[1] 根据《钦定户部漕运全书》所载数据，当时每年全国漕运总量在400万石左右。
[2] 冯承钧译：《马可·波罗行记》，中华书局1954年版。
[3] 《至顺镇江志》卷六《赋税》。
[4] 朱福烓，许凤仪：《扬州史话》，转引自《鄂多利克东游记》译本"扬州城"条注文。
[5] 《续文献通考》卷十八《征榷》。

盐商必须与官员保持良好的关系,其手中的资金也主要用于人情往来而非投入市场或用于经营。这种畸形的商业模式为扬州近代的衰落埋下了伏笔。

图4-1 明清时期镇扬地区地势图
来源:自绘

镇江在明清时期是湖广、浙江、江西,尤其是苏、松、常、嘉、湖地区漕粮入江的中转要地。受漕运影响,运河贩运贸易逐步发展。当时为了鼓励漕运,明清政府规定漕船可携带土特产沿途贩卖,这一政策刺激了运河沿岸市镇商业的发展,运河上行驶着"南去挟吴丝,北来收果实"的漕船、商船。在这种经济活动中,镇江与外埠的商品交流也日渐活跃。江阴、靖江、太仓、通州等地的沙船,在瓜洲、镇江装载货物,行至浏河港口停泊,镇江府、丹徒镇等地的船只装载货物,直接行至浏河交卸。尤其是在非漕运季节,镇江港口停泊着各类商船,所运货物涉及南北货品,包括南方的粮食作物、丝麻织品、棉织品、茶叶、桐油、笔墨纸张及北方的红枣、柿饼、胡桃、芝麻、麻油等特产。转口贸易的繁盛,使镇江发展成为长江中下游物资的中转港,并刺激本地商业的发展,形成了几个传统的商业行业,其中以米业、钱庄、木材、绸布、江绸等业最为发达。

米粮业在镇江的发展有悠久的历史。当时江南经济作物产区普遍缺粮,外地粮食高产区的粮食大量输入。来自长江中上游各省的稻米,沿长江进入运河,沿运河北上或南下,运河成为江南地区稻米市场的轴心。"江南地区的重要米市,几乎都分布在运河沿线以及其他水运要道上,无锡、浒墅、枫桥、平望、嘉兴、硖石、湖墅,从北而南,无不排列在运河两岸。"[1] 镇江既拥有长江的黄金水道,又拥有运河的优势,米市的形成自是必然。《乾隆镇江府志》《光绪丹徒县志》皆有关于米市的记载,表明了米市贸易的存在。大宗商品粮由四川、湖南、江西、安徽沿长江顺流而下到达镇江,一部分就地销售,一部分中转至江南各地。

除米粮业以外,镇江的棉布、丝绸运量和交易量也比较大。明清时期,江南地区手工织布业比较发达,但因本地并非产棉区,所需

[1] 顾希佳:《近代江南米市的经营格局》,《杭州师院学报》1995年第4期。

棉花等原料多来自北方。这样就形成了北方产棉通过运河运往南方,南方织布再由运河运往北方的固定贸易路线。镇江港地处江河之交,在这种交流中起了一定作用。据统计,每年"苏松地区的棉布的运销量可达4 000万匹,其中通过镇江港转输的估计在1 000万匹左右"[1]。在丝绸贸易方面,除了中转的作用以外,镇江本地的丝绸业也比较发达。江绸业是镇江享有盛名的一个传统行业,江绸是"京江绸"的简称,品种有线绉、缂丝、官纱、塔夫绸4种。元代,镇江手工业就以丝织业为主。在明清江绸生产的鼎盛时期,镇江的丝织业共有织造机房1 000多家,织机4 000台,生产工人16 000多人,年销量26万匹以上[2]。

木材业是明清镇江商业中的另一个重要行业。江南地处平原,木材向来缺乏,大都依赖外地输入,木材市场极为兴盛。镇江自古是长江中上游所产木材的集散地之一。唐代,镇江江面便布满了水排木筏。鲇鱼套是镇江著名的木材集散中心,其港口西至龙门口,东至王家巷,长达10余里。来自上江、两湖、四川、江西、安徽的竹排顺江而下,集中于鲇鱼套,经江南运河转运江南各地。明代中叶,镇江因木业之盛而被誉为江南木业"早期鼻祖"。清时,镇江木业更是兴旺,湖南、湖北、安徽、江西等地云集镇江的客帮有七八十家之多[3]。

商业繁荣促进了镇江城市的发展。明代宣德年间,明王朝为征商品流通税设立了33个钞关,镇江即其中之一。城市发展也带动了周边城镇的兴起,不仅镇江府有大大小小的街市,所属地城乡也是大小市场密布。如丹阳的五大镇:延陵、吕城、丁桥、珥村、埤城;句容的六大商品市场:仓头市、柴沟市、湖熟市、靖安市、米市等。据表4-1所示,明清时期镇江地区市镇的数量相比北宋时期增长了两倍。

表4-1 明清时期镇江府市镇数量表

县名	北宋元丰时期	明中后期	清康熙嘉庆时期	清鸦片战争以后
丹徒	3	4	8	9
丹阳	2	6	5	15
金坛	—	—	3	6
合计	5	10	16	30

来源:《江苏史论考》

4.1 运河绕扬城

4.1.1 城市水系

明清时期扬州的城市水系包括运河和市河两大系统。整个元明清时期,运河系统延续了宋天禧四年(1020年)发运使贾宗开挖漕

---

[1] 张立:《镇江交通史》,人民交通出版社1989年版。
[2] 镇江市地方志编纂委员会:《镇江市志》第三十六卷第二章《丝绸》,1993年版。
[3] 王家典等:《港口发展与中国现代化》,上海社会科学院出版社1989年版。

路形成的自南向东绕城而过的线路,一直到清末都变化不大。扬州旧城的市河就是唐代的官河,即唐代大运河的故道,在明清时期是贯通旧城内外的唯一水道。扬州新城的市河原是旧城的东护城河,新城建成之后,该河在两城之间,改称"新城市河"。清初这两条市河皆因市民任意倾倒垃圾杂物而淤堵,到康熙年间就基本湮塞,无法行舟,前者"水门皆设而长关"[1],后者"龙头关河道,半为两岸廛潴,滤池所集,浑浊污秽,五色备具……是河不通航也"[2]。经过康熙十三年(1674年)和雍正九年(1731年)两次复浚之后,逐步恢复通畅,但航运已经不是主要功能。清代从市河到今瘦西湖一线,"几道画桥萍影聚,沿堤深巷柳荫排,绿水净于揩"[3],已经成为一条风景游览线。因两岸建筑酷似南京的秦淮河一线,自此新城市河也被称为"小秦淮"。

4.1.2 城池边界

元明清时期,扬州虽然依旧繁华,但是城池范围反而进一步缩小。元世祖至元十三年(1276年),蒙古人占领扬州之后,忽必烈"命有司隳沿淮城垒……隳襄汉、荆湖诸城"[4],扬州宋三城皆被毁坏。到元顺帝至正十七年(1357年),明太祖占领扬州后,守将张德林面对宋大城的残垣断垒,以"旧城虚旷难守,乃截城西南隅筑而守之"[5]。建成后,城"仅周九里,一千七百五十七丈五尺,厚一丈五尺,高倍之。设门五,南曰安江,北曰镇淮,西曰通泗,东曰宁海,亦曰大东,又东曰小东。各门有瓮城"[6]。这座城池后世称为"旧城",其北界在今外城河一线,东界为小秦淮,西、南界与宋大城一致。

[1] 《扬州画舫录》卷六《城北录》。
[2] 《扬州画舫录》卷九《小秦淮录》。
[3] 黄惺庵:《望江南百调》,引自《落日辉煌话扬州》,黄山书社2001年版。
[4] 《元史·世祖本纪》。
[5] 《明太祖洪武实录》卷五。
[6] 《嘉靖惟扬志》卷十。

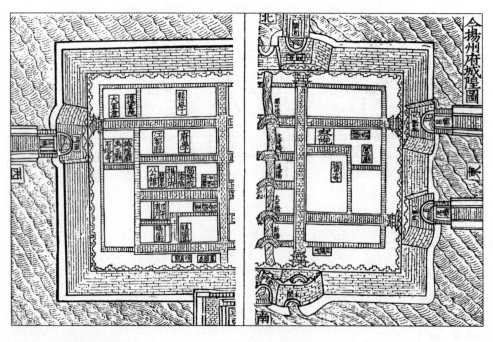

图 4-2 明扬州府城隍图
来源:《嘉靖惟扬志》卷首

明代建立以后,随着扬州恢复繁华,旧城逐渐"城小不能容众",大量居民"实居旧城之外,无藩篱之限"[1]。由于运河对于商人具有强大吸引力,很快在旧城以东到运河之间的地带形成了具有一定规模的居民区和商业区。另外,由于运河是盐运的主要通道,为管理方便,盐运司衙署也设置在旧城以东。到明嘉靖三十五年(1556年),由于倭寇不断侵犯,为保护城外的居民以及确保盐课的征收,知府石茂华在旧城东郊外至古运河一带的工商业区增筑新城。新城共有七座城门,两座水关,旧城东侧的城河从水关下穿过。新城规模与旧城相当,"周十里,计一千五百四十一丈九尺,高、厚与旧城等……东南即运河以为濠"[2]。此后,新城内"居民鳞然",商民"无复移家之虑"。新旧二城的总面积约6.7平方公里,一直到清代末期,扬州都保持了新城和旧城并存的局面。

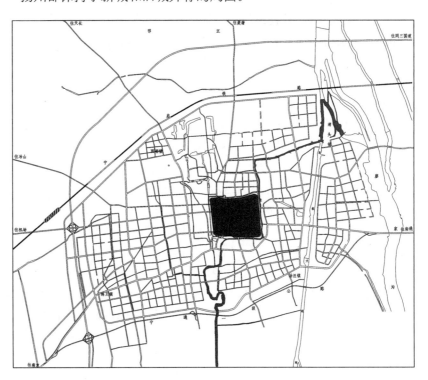

图4-3 明清扬州城址示意图
来源:自绘

4.1.3 功能布局

中国早期的城市大多是行政中心城市,衙署区和居住区是城市的主要功能区域。但随着明清时期城市商业的飞速发展,商业区在城市中所占的比例越来越大,范围也逐渐扩大。扬州就是明清时期最典型的商业城市,由于受益于漕盐两大政的影响,城市商业极其发达,四方商贾云集扬州,适应商贾需求的服务性阶层也蜂拥而至,这些服务性行业的商业网点在旧城和新城都有分布。

但是,由于受到新、旧城的地理位置和机构设置的影响,明清扬州新城和旧城的居住人群形成了鲜明的差别。据《芜城怀旧录》记载,当时读书人大多居住在旧城,这是由于扬州旧城自宋元至明清

---

1 《嘉靖惟扬志》卷十。
2 康熙《扬州府志》。

一直是衙署、府学和县学的所在地，书院众多，因此能够吸引读书人世代在此居住。在地名上，留下的遗迹有扬州府治附近的府东街、府西街、府前街，江都县署附近的县西街、西公廨（县治官员居住之地）以及盐政院署附近的院西大街、院东街。另外，扬州与读书人有关的地名也多集中在旧城，如书院巷、正谊巷等。

扬州的盐商则大多居住在新城，当时淮盐的转运路线是从淮南盐场经运盐河集中至扬州，在扬州稽核后再通过运河运至真州，再经长江和江南运河转运至东南六省销售。因此，盐商们纷纷在运河岸边的"官民空闲之地"购地造屋，营建货仓。在新城的沿运河一线，即今南河下、北河下、东关街一带，集中了大量盐商住宅和仓库，特别是南河下，"殷商巨族，高楼宅第，通衢夹道，阛阓市桥"[1]。

除了盐商之外，明清扬州商业最繁华的地段也都在新城。新城内的多子街以"两畔多缎铺"而得名，彩衣街因有制作各种服装的衣局而得名，街道因所经营的货物而得名，可见经营此种货物的店铺之多。另外，埂子街上"两畔多名肆"，匾额都是当时的名人题写，新盛街"肆市韶秀，货分隧别，皆珠翠首饰铺也"，都是富商大贾云集的地方。

除了这些沿街商业之外，新城内最繁华的商业地段是位于城中心的教场。教场在明代设立之初，还是位于城外的演兵操练的场所，新城兴建以后被包在城内。据《扬州营志》记载，扬州营营盘占地108亩，北界贤良街（今萃园路），南界新盛街，东界永胜街，西界南柳巷，分中、左二军和前后、左右四哨，统帅马、步守兵共计1 000名。清康熙四年（1665年）以后，分兵驻守高邮和宝应，驻扬兵额减少，因此教场四周的土地不断被周边居民侵占，形成兵民杂处的状况。康乾时期，教场内东西南北皆被打通成为道路，民房的搭建也日渐增多。据乾隆三年（1738年）的调查，在旧教场108亩的土地上，共有房屋1 000多户。到乾隆三十二年（1767年），教场只好迁至西门外的蜀冈之下，原城里教场仅有的一点空地也租给了商家，终于成为商业市肆之地。

军事营地被民居蚕食，最终成为商业市肆，看似不可思议，但其实这是城市功能得以发挥的必然。新城建立之后，教场从城外变为城内，而且位于城市的中心区。随着城市商业的发展，教场所占据的位置越发重要。当时扬州的盐业区基本集中于从钞关经徐凝门、缺口至东关一线，重要的商业市肆集中于教场以南的小东门、多子街、埂子街一带和教场以北的旧城东关、彩衣街一带，手工业区集中在教场以东、左卫街以北一带，教场以西的旧城和左卫街以南则多为民居。这样，教场就成了南来北往、东来西去的阻隔。随着营内驻军的减少，制度废弛，居民和商业的入侵也就在所难免了。教场成为商业市肆后，扬州新城内的商业区也就连成一片，形成了一个整体。不过，教场商业区是通过"蚕食"营盘逐渐形成的，所以它不可能是专业的经营场所，只能是各行各业的集中之地。纷繁芜杂，

[1] 宗元鼎：《游康山草堂记》。

正是这里的特色所在。教场中店面,则以茶楼、酒肆为最多,但茶客们并非只为品茶或果腹充饥而来,信息的交流是这些茶楼和酒肆中的重要主题。

图 4-4 清代扬州城功能分区
来源:在清《康熙扬州府志》扬州府城池图基础上改绘

4.1.4 街巷系统

虽然现在扬州的城墙和城内市河已经被拆除和填平,但依靠明《嘉靖惟扬志》中的《今扬州府城隍图》、清《康熙扬州府志》所附的《扬州府城池图》和光绪时期的《扬州府治城图》与民国初期的测绘地图互相对照,仍可以对明清扬州城的街巷系统略加分析。

旧城的城内有十字形大街,东西大街偏在全城北部,东西两端分别与大东门和西门相连通。南北大街为城的中轴线,与北门和南门相连通。在南北大街西侧,有与之平行的市河,从南水门至北水门纵贯全城,市河上从北向南架设五座桥,即开明桥、文津桥、通泗桥、太平桥和新桥。市河西侧也有一条滨河道路,自北向南分别命名为北小街、中小街和南小街。小东门在大东门以南,通过小东门有条东西大街,与南北大街和市河垂直相交。西半城区的东西向大街以南,沿滨河路西侧,是府县衙署、府学书院及寺庙等大型建筑所在,东半城区内则多辟小巷街道,为平民居住所在。

新城城内有南北大街一条,连接挹江门和拱辰门。东西大街两条,靠北一条连接利津门和旧城先春门,靠南一条连接通济门和旧城小东门。新城虽然范围也不大,但由于居民住户密集,而且许多街巷在筑城之前已经存在,因此街巷布局呈现多而密、短而窄、曲而幽的特点。同时,由于扬州的盐商大多居住在新城,这些富商在新城内改扩建许多宅院、园林和会馆,打破了相对均质的民居格局,出现许多大块的组团。

光绪时期的《扬州府治城图》则是扬州存世最早的一张比例相对准确的地图。从这张图中可以看出新城街巷的走向以横平竖直为主,但是在西南角的挹江门到东北角的东关门却有一条斜向45度的街巷打断了整个新城规整的街巷格局,这条特殊的街道就是湾子街。究其原因,挹江门外是扬州税关所在,东关门外是著名的东关古渡所在,钞关和东关都是当时管理与征收客货税款的地方,对商人们来说都是要经常往返的场所,因此建立一条这两点之间最便捷的陆路联系是很有必要的。其时,从长江北上的船只,在扬州钞关申报;由运河南下的船只,在扬州东关申报。南来北往的商旅,南下的在东关上岸进城,沿着东关街、观巷、罗湾街,经湾子街,沿着打铜巷、辕门桥、多子街、埂子街,至钞关上船南下。北上的商旅,则反向而行。因而明清时期的埂子街、湾子街、观巷、东关街商铺林立,百货琳琅齐备,车水马龙,盛极于世。乾隆年间,多子街一带曾发生一场大火,"延烧彻夜",毁店铺五百余间,可见这里店铺之多。

4.2 城河依镇江

4.2.1 城市水系

明朝建立以后,由于城内运河故道已经在长期的战争中渐趋堵塞,于是将城池西南侧的这段护城河拓宽,作为大运河的主航道使用。自此,大运河水道不再进入镇江城内,而是从南水关沿护城河绕城至西门,直接与大京口相连。城内唐宋时期的运河故道被新筑的明城"斩头截尾",成为一条城内的市河,通航能力逐渐下降,但仍可通过甘露港入江。由于在河道穿越南北城墙处设有水关,也被称作"关河"。关河在唐宋时期是江南运河的故道,明清时期虽然不是漕运的主航道,但"民间薪米所需,悉藉此以资转运,当粮艘拥挤之际,则由江达河,重载又得以间道取济",对于镇江城内的交通依然有重要作用。关河穿过城墙处设置有南水关和北水关控制水位,清初曾因海警关闭两水关,导致关河失去水源而淤塞。到康熙十一年(1672年),镇江知府高得贵为解决城内运输问题,募工疏浚,关河重新恢复了通畅。

另外,受到长江主泓来回摆动的影响,明初大京口时有淤积,通航状况并不稳定。明天顺元年(1457年)在当时的转漕官凌信建议之下,重新凿通宋代天圣年间开凿的润州新河,其入江口门称作小京口(亦称新河口)。此后,江南运河在镇江有两个入江口门,但是小京口逐渐取代了大京口漕运主口门的地位。

4.2.2 城池边界

京杭大运河时期镇江的城市形态没能延续唐宋时期润州罗城的格局。因为元朝建立后,曾经下令拆除天下所有城池[1],润州罗城也没能幸免。到元末时期,朱元璋占领南京后,派元帅耿再成驻守镇江,重新筑城以防御苏常方向的张士诚,明清镇江府城就是在这座城池的基础上发展起来的。城墙周长13里,高2丈9尺,城堞3 700余垛。虽然面积比唐宋润州罗城小得多,但是城墙全部用砖砌筑,更为牢固。城墙四周辟有四门,均有城楼。东门为朝阳门,南门为虎踞门,北门为定波门,都是带有瓮城的二重城门;西门为金银门,是最为宏大的三重城门结构。此外,为管理穿城而过的市河,在南北城墙上还各设有水关一座。

明清镇江府城池的平面形态并不规则,总体接近方形,但局部走向与自然地形结合紧密,十分曲折。城墙的东北角沿着北固山前峰围绕一周,是为了将铁瓮城这一军事要地包在城中;西北角向北凸出,紧贴隋唐时期运河的河道,实际上是将运河故道作为城河之用。城池西侧和南侧的城墙位置也是沿护城河即利用两条原本在城内的市河修建而成。与唐宋时期的润州罗城相比,明清镇江府城的北城垣向南大幅收缩,将滨江的大片土地留在城外;西、南两面城垣也大幅度内收,使不少原本位于城内的土地又归于城外。从表4-2中所描述的镇江府城的坊名表来看,元明清时期镇江在城外设置的坊逐渐增多,从元代只有2处到明代增长为7处,清代则更进一步达到10处,其中有7处位于城西,而同时期城内坊的数量也不过14处。这说明明清代镇江城区的发展已经逐渐冲破了城墙的制约,整个城市呈现明显的向西扩张的态势。

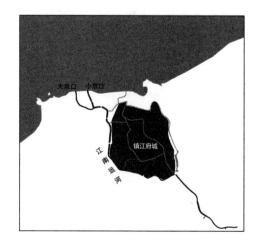

图4-5 明清时期镇江城市形态
来源:自绘

---

[1] 《至顺镇江志》:元初,凡诸郡之有城郭,皆撤而去之,以示天下为公之义。

4.2.3 功能布局

清代城内东北角的铁瓮城依然是衙署机构所在地,西北角则是大量为运河服务的手工业聚集区,城内西南角为八旗所驻扎的"满城",东南角则主要是平民的居住地。随着运河的改道,与运河关系密切的商业区出现向城外迁移的趋势。元代城外只设两坊,可见城外居民较少,但明清时期城外设坊急剧增多,到清末达到了10处之多,并且其中大多数位于城西运河入江口附近。西津和银山二坊由于靠近大京口和小京口,附近区域成为明清时期镇江最繁华的商业区。大京口东侧的打索街和小京口东侧的新河街是明清时期镇江商业最为繁盛的地段。

表 4-2 元明清时期镇江坊名表

朝代	城内坊名	数量	城外坊名	数量
元	紫金、丛桂、阜民、置邮、仁和、元妙、制锦、福寿、万宝、锦绣、文明、进贤、清风、千秋、甘棠、忠佑、市东、市南、市西、市北、旌孝、孝感、至孝、会通、鹤林、积善、通市、通津	28	江口、俪孝	2
明	仁和、黄祐、善济、仁安、宝城、怀德、市西、儒林、治安、忠祐、文昌、白马	12	大围、云山、西津、虎踞、登云、岳祠、红鹤	7
清	仁和一、仁和二、善济一、善济二、黄(一作篁)祐一、黄祐二、仁安、治安、忠祐、宝城、白马、儒林、文昌、怀德	14	城西7坊:大围、大云、小云、西津、穗湾、银山、岳祠;城南2坊:虎踞、红鹤;城北1坊:大一都	10

来源:根据镇江《至顺镇江志》整理

4.2.4 街巷系统

由于文献资料和历史地图存量较为丰富,明清时期镇江城内的街巷系统较为清晰。根据镇江元明清时期的地方志,镇江在元代共有7街82巷,明代共有7街95巷,清代共有36街85巷,街巷的密度显著增加。这也从侧面反映出明清时期镇江作为繁华的运河城市之兴盛。与大多数中国古代城市不同,镇江正南正北走向的街巷较少。主干街道多平行或垂直于运河,呈现出鱼骨式的分布。特别在城外的运河大京口段周边与小京口新河街周边,沿运河辐射出的诸多道路体现了运河对于这个城市的深刻影响。

第五章 运河与城市形态的关系

总结历史上镇江与扬州的城市发展历程,可以发现:镇江与扬州在建城之初就分别与运河有紧密的联系,但在南北大运河未贯通之前,两座城市各自独立发展,互不影响;大运河贯通之后,两座城市的命运被运河连成一体,荣辱与共。

如表5-1、表5-2所示,京杭大运河全面贯通之前,两个城市彼此之间虽然有渡口联系,但城市的发展相互独立,沿着完全不同的道路在发展。镇江由于地势险要成为重要的军事要塞,而扬州由于交通便利且拥有江淮地区广阔的经济腹地,逐渐成为商业中心城市。两座城市都是地区级的中心城市,影响力尚未达到全国。在战争时期,两座城市都是军事上必争的重镇,但镇江由于据有长江天险以及北固山的地利,易守难攻,成为军事要地,而无险可守的扬州城则深受其害。扬州城屡次被攻破,损失极大,镇江城则相对稳固。

表 5-1 扬州运河与城市变迁关系表

朝代	春秋	汉	南北朝	隋唐、北宋	南宋	元明清
运河变迁	开凿邗沟	开凿运盐河	修筑欧阳埭	南北大运河首次贯通	漕运功能丧失	淮扬运河恢复通航
主要影响	沟通长江与淮水	城市与盐业建立关联	运河延伸至仪征境内	通航能力全面提升,确立交通枢纽地位	城市与运河脱节	再次确立交通枢纽地位
城市地位	军事堡垒	繁荣的郡国都城	侨民重镇	漕运枢纽、繁华海港、商业重镇	军事重镇	运河重镇、商业中心、盐业中心

从隋大业六年(610年)大运河全面贯通,到清同治十一年(1872年)漕粮海运,运河陷入全面停顿为止,大运河作为国家交通干道延续了1 200多年。这一千多年间,大运河在淮河以北的路线历经变化,但是在江淮之间以及长江以南地区的航道基本保持不变。因此,镇江扬州这一对运河城市稳定性与延续性较高。

但是其间每一次运河系统的改变,都导致镇江与扬州的城市命运随之发生剧变。在南北统一的唐宋时期和明清时期,两座城市共同由于运河带来的交通便利而繁盛,此时由于政治中心大多位于北方,扬州要盛于镇江;在南北对立的南宋时期,这一对城市则共同沦为战争前沿的战略要地,镇江由于具有较高的军事价值,此时要盛于扬州,其影响力最高可达整个南方地区以及临近的江淮和山东,但难以影响全国。

表 5-2 镇江运河与城市变迁关系表

朝代	秦	汉	南北朝	隋唐、北宋	南宋	元明清
运河变迁	开凿徒阳运河	开凿润浦	修筑破冈渎与丁卯埭	南北大运河首次贯通	漕运方向改变	京杭运河全面通航
主要影响	沟通丹徒与太湖腹地的吴	运河延伸至现镇江城区	通航能力提升	通航能力全面提升,确立交通枢纽地位	交通区位重要性提高	再次确立交通枢纽地位
城市地位	沿江聚落	军事堡垒	侨民之城、南朝重镇	漕运枢纽、东南重镇	漕运枢纽与军事重镇	运河重镇,银码头

由于运河对于沿线城市的巨大影响,经过运河与城市的长期相互作用,运河城市形成了独特的空间格局。在运河城市的发展过程中,无论选址、肌理或布局都受到运河的强烈影响,呈现出独特的城市面貌;而当城市发展到一定程度时,也会对运河形成反作用,改变运河的走向。镇江和扬州作为两个典型的运河城市,其城市空间的形态与运河密切相关。在这两座城市的空间形态演化的进程中,运河都起到了重要的作用。实际上,在镇江与扬州的城市形态中可以体现出运河城市的许多共性特征。

5.1 运河与城池选址

城市位置的选择,虽然是人为决定的,但它遵循一定的客观规律,风水理论就是中国城市选址时所必须遵循的依据。因此,中国大多数传统城市都位于山南水北,具有相似的地理条件。但从扬州与镇江历代城池的选址来看,在运河城市中由于运河对于城市经济的巨大影响,城市居民往往趋向于在接近运河的地带居住,从而影响了整个城池的位置。

作为一个在运河入江口处崛起的城市,镇江的城池变迁与运河入江河道的变迁息息相关。从镇江城的平面形态变迁来看,每一次运河入江口门发生变动,都会导致城池位置的迁移。而当城池发展到一定程度时,人们又会改变运河河道以利于城市生活。镇江最早的城池铁瓮城建成后,丹徒水道的入江口从丹徒镇延伸至了北固山东侧,被称为润浦。之后,东晋时期的晋陵罗城的城址就是从铁瓮城向东扩展,沿润浦水道的两岸发展起来。六朝后期长江入海口东移后,润浦水道水量不足逐渐被废弃,新开的水道向西迁移,从北固山西侧的甘露港入江,隋炀帝时以这条水道为基础开凿了江南运河。到唐代建立夹城的时候,在北固山东西两侧各设一个夹城,西夹城就是以江南运河为护城河的。这说明,江南运河的开凿已经产生影响使城市向西发展。随着西侧水道地位的奠定,东夹城逐渐被废弃。到修建润州罗城时,整个城池的范围彻底从北固山以东移向了北固山以西。明代重建城池时,城内的漕河水道经过唐宋时期的长期发展,两岸商铺密布,通航能力逐渐下降。因此,镇江段运河再次改道,与城池西南侧的护城河相结合,在城外绕城而过。总的来说,镇江的运河与城市在发展过程中互相影响,运河河道与入江口逐步从东向西迁移,城池选址也同样呈现由东向西发展的趋势。

扬州城址变迁总的趋势是由蜀冈之上向蜀冈之下的平原迁移。迁移的原因虽各有不同,但结果都是尽量靠近运河。扬州最早的城池邗城就是为守卫当时所开的运河——邗沟而建,虽然邗城的位置还不能确定,但邗城与邗沟相互依存的关系是明确的。汉到南北朝时期,随着长江岸线不断南移,邗沟入江口延伸至蜀冈下方的冲积平原上,扬州的居民也随之向蜀冈之下定居。到唐代建设扬州罗城的时候,城池的主体从蜀冈之上迁移到蜀冈之下,就是因为蜀冈之下运河沿线已经成为人烟繁盛的区域。在蜀冈之下的几次变迁同样体现着运河对于城市居民的强大吸引力,并直接决定着城池的选址位置。宋代以后,运河河道与城池的关系由穿城而过变为绕城而过,并一直延续到了明清时期。明初修建的旧城一度远离运河,很快就不得不在城池东侧修筑新城,以容纳大量因靠近运河而在城外居住的商人和百姓。

表5-3 扬州历代城池与运河关系演变表

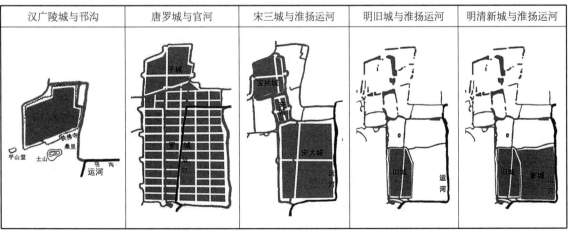

来源:根据《大运河(扬州段)遗产保护规划(2010—2030)》插图改绘

表 5-4 镇江历代城池与运河关系演变表

东吴京城与京口运河	东晋晋陵与京口运河	唐代夹城与江南运河	唐宋罗城与江南运河	明清府城与江南运河

来源：自绘

从上表可以看出，镇江和扬州的城池与运河之间的关系都经历了从"城河分离"到"穿城而过"，到最终"绕城而过"的发展历程。这种变化的趋势，充分体现了运河对城市选址的巨大影响力。

5.2 运河与街巷肌理

中国传统城市的路网以方格网式居多，并在主干道路的交叉口处设置鼓楼或钟楼。但在运河城市中，由于有运河穿城而过，无法保持规整的道路格局。道路的走向往往以运河为轴线，向两侧发散。不同的城市结合自然地貌形成了多种道路格局。

从镇江的街巷系统来看，道路走向与自然地形结合较紧密，主要道路的走向或平行或垂直于运河，形成以运河为轴线的鱼骨式路网。唐宋时期运河从东南向西北蜿蜒穿城而过，受此影响，镇江城内主要干道的走向也呈现出相同的倾斜角度。南门大街是当时城内的主要干道，但是其走向并非正南北朝向，而是与运河的走向平行。更为典型的是明清时期运河入江口附近的道路走向，大西路和新河街分别平行于大京口和小京口河道，是周边城市道路的主干，各支路则沿垂直运河的方向依次排列，运河对城市肌理的影响清晰可见。

扬州的街巷系统可以分为旧城和新城两部分。旧城内的城市肌理相对规整，南北穿城而过的运河是旧城道路组织的核心，决定路网尺寸和间距的正是跨越运河的桥梁。从唐至清城池历经变更，这段运河也变为市河，但是沿线的城市肌理一直变化不大。新城的城市肌理相对较自由，这是由于修筑城墙之前已经形成了具有一定规模的人口聚集区，并且明清时期运河路线改为绕城而过，并不与城市道路发生直接关系，但是运河仍然对新城的城市肌理产生了重大的影响。新城内的湾子街、犁头街和达士巷共同组成了自西南至东北方向的一条斜向通道，与新城其他街巷的肌理完全不同。从表面上分析，这是由于新城西南的挹江门和东北的利津门之间联系极为密切，需要最直接最便捷的联系方式；而从根源上来说，产生这种联系的最根本原因则是城门之外运河码头上的大宗贸易。

第五章　运河与城市形态的关系

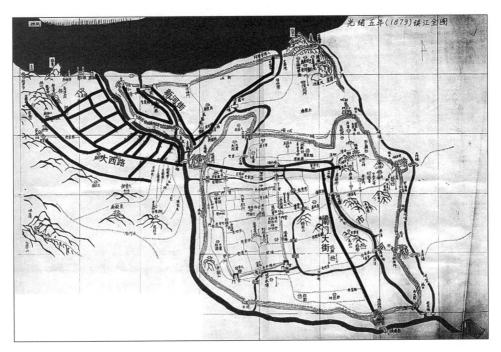

图 5-1　清代镇江运河与街巷肌理
来源：自绘

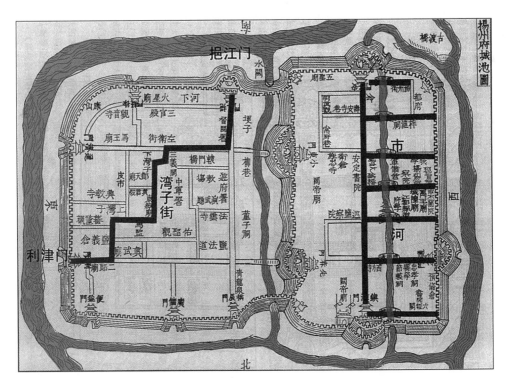

图 5-2　清代扬州运河与街巷肌理
来源：自绘

5.3 运河与功能布局

从城市内部的功能布局上来看,由于运河所带来的便利交通对商业具有重要价值,商业店铺往往沿运河聚集,形成城市的商业中心地带。因此,运河城市的功能布局中,商业区的位置最容易确定。虽然在漫长的历史过程中,大多数运河城市的运河线路都曾数次变动,但每次运河变迁之后,商业中心也再次迁移并始终与运河保持紧密联系。

镇江城内商业店铺以及相关的服务设施从隋唐时期起就沿城内运河两侧分布,历经两宋和元代,城内的商业中心都保持着这一格局。但最终因河畔建筑过于密集,对运河的通航造成影响,到明代重建城池时,运河的主航道不得不改为绕城而过,从城西入江。相应的,明清时期镇江城池内的商业贸易就变得十分低落,而运河入江的大京口和小京口两处河道周边就变为城市商业最集中和最活跃的区域。

扬州的情况也十分类似。唐代扬州罗城内最繁华的就是西侧运河沿线地区,宋代运河改为自城池东南绕城而过之后,产生的商业区就逐步向东侧转移。明初新建城池远离运河,结果就造成人民纷纷在城外居住的现象。新城修筑之后,到清末各类商人群体基本都居住在离运河较近的新城。旧城内的运河虽然仍一直存在,但由于丧失了航运主干道的地位,再也无法吸引商人停留,旧城成为各类衙署机构及官员、儒生的聚居地。

总的来说,镇江和扬州从城市诞生开始就与运河有着密不可分的联系。这种联系在历史发展的过程中伴随着运河航运能力的提升不断增强,并从城池选址、街巷肌理和功能布局等方面对城市的空间形态产生影响。只有中国的大运河对城市的影响达到如此深刻的程度,这一点也是中国大运河不同于世界上其他已经申遗成功运河的特征所在。

下篇　后运河时代的命运分野

　　大运河南北断航之后,中国的历史也进入了沉重的近代时期。镇江和扬州从一对彼此关联紧密的双子星城市,逐渐走向了命运的分野。近代时期,铁路、海运、公路等交通方式的出现和普及,使大运河的作用被逐渐取代。对于两个城市来说,镇江被动地接受了所有近代要素的洗礼,城市命运数次沉浮,城市形态发生了剧烈的变化;扬州在一系列主动与被动的选择之下,没有受到太多近代化的冲击,城市经济日渐萧条,但城市形态相对保持稳定。这种变与不变,又为当前两座城市的复兴埋下了伏笔。

第六章　江河日下扬州府

城市形态的变迁本质上是城市内部结构发生转变的外在反应。对于近代城市来说，城市形态的变迁则对应于城市现代化的进程。扬州城市现代化的进程"没有明显的时界特点，它既不同于条约体系城市，有确定的开埠时间；也不同于南通这样的工业城市，有明确现代性的物化时界，扬州的现代化发展是渐变式的推进"[1]。因此，扬州近代城市变迁的过程也没有很明确的阶段性。本文根据扬州城市逐步走向现代化的发展历程，将近代扬州城市形态的变迁分为清晚期、清末民初和民国后期三个时期分别进行论述。

其中清晚期为1840—1912年，扬州处于传统优势产业衰落、城市现代化初露端倪的阶段，城市传统空间格局逐渐解体；清末民初为1912—1937年，扬州处于现代化的发轫期，城市空间中出现新的要素；民国后期为1937—1949年，扬州处于现代化的建设阶段，通过系统的城市规划和建设，确定了近代扬州的城市形态。

表6-1　影响扬州近代城市变迁的重大事件一览表

时间	主要事件	主要影响
1849年	淮南盐场实施"改纲为票"	城市失去支柱产业
1855年	漕运改走海路	城市失去区位优势
1898年	戊戌变法	开始实业建设
1912年	中华民国成立，扬州成立市政府	少量城市基础设施建设
1928年	扬州成立建设科	现代城市建设机构成立
1937年	侵华日军占领扬州	城市受到严重破坏
1945年	战后重建计划	局部恢复城市面貌

来源：自绘

---

[1] 叶美兰：《柔橹轻篙：1895至1937年扬州城市现代化研究》，博士论文。

6.1 清末时期的城市变革(1840—1912年)

6.1.1 传统产业的衰落

扬州在历史上曾数度繁华,到清代康乾时期凭借食盐专卖和漕粮转运两大产业所带来的巨额利润,达到了城市繁荣的巅峰,成为全国的经济中心。但是清末这两大支柱产业先后陷入衰落,并影响到金融业和其他商业,城市因此日渐萧条。

1) 盐业的衰落

扬州盐业的兴盛源于官府所实行的食盐专卖制度,其衰落也源于官府政策的改变。扬州的盐商们非常清楚只有在官府的庇护下,才能获得巨额的垄断利润。因此,他们对官府有求必应,且乐于尽最大努力去献媚,以获得邀赏;官府则利用了盐商的这种心理,不断给他们"提供"各种报效的机会。于是每逢军需、河工、赈灾,两淮盐商即积极"捐输",每次多达数百万以上,至于历年向皇室的进贡和输纳更是所需无数。乾嘉时期,是两淮盐商实力最雄厚的时期,也是官府向盐商索取最为严重的时期。乾隆十三年(1748年)至六十年(1795年),仅年需一项,盐商们就耗银一千三百一十万两,向皇室输纳、进贡的总额则达到九百五十万两。到嘉庆年间,波及数省、历时九年的白莲教农民起义以及全国各地的自然灾害使清政府陷入国库空虚的严重财政危机。政府将这种危机再次转嫁到盐商的头上,从嘉庆四年(1799年)三月至嘉庆八年(1803年)正月,不到四年的时间里,盐商相继六次捐资助饷,总额达七百万两。

面对无止境的捐输以及官吏的勒索,不少盐商入不敷出,不得不高息"借资经营"。为摆脱困境,盐商们一方面极力压低收购价格,使得煮盐的灶丁无利可言,不得不贩私;同时极力抬高官盐的销售价格,更有甚者,在食盐中掺杂泥沙,以致"盐色掺杂不可食"。长此以往,官盐质劣且价高,百姓无法负担,不得不转而购买私盐。结果导致私盐大肆泛滥,两淮盐区所产官盐的销售市场日渐萎缩。到嘉庆二十二年(1817年),淮盐在湖广、江西的销量不及额定的十分之一,"无论城市村庄,食私盐者什七八"[1]。丧失了市场,盐商的经营就到了山穷水尽的地步。两淮盐商纷纷歇业改行,继续从事盐业的,也大多是惨淡经营,失去了昔日辉煌。嘉道以前,每年运销十万引以上的盐商相当多,但到道光初年,运销五万引者就被称为巨商。

为了改变盐业凋敝的状况,道光十年(1830年)十月,两江总督陶澍奏请改变两淮盐法。道光十二年(1832年)起,在淮北盐场推行票盐制。结果大获成功,许多私盐贩子都转而经营票盐,政府税收大增,准备在全国推广。但是票盐制相比纲盐制最大的改变之一是

[1] 李澄:《淮鹾备要》。

取消总商,广招民贩。一旦全面推行票盐制,原本手握盐引凭证的总商们将失去对盐的营销垄断权,因此他们百般阻挠票盐制在淮南盐场的推行。可是不实行票盐制,官盐的销售规模继续萎缩。道光十二年(1832年),淮南盐商商本枯竭,力能办运者不过十多家;到道光二十七年(1847年),更是每况愈下,仅存数家;到道光末期,淮南盐商无不困窘不堪。

道光二十九年(1849年),湖北武昌塘角大火,"烧盐船四百余号,损钱粮银本五百余万,群商请退"。两江总督陆建瀛以此为契机,仿淮北成例,在淮南改行票法,并获得一定程度的成功。票盐制改革对国家有利,但对盐商来说失去了垄断营销的权力,就等同于摧毁了其奢侈性消费的经济基础。

之后,扬州的盐业又受到太平天国运动的破坏。1852年太平军攻陷武昌、汉口之后,长江航路受阻,淮盐无法上运,整个两淮盐业遂陷于不振。太平天国被镇压之后,曾国藩、李鸿章等人推行了票引结合的新制度,力图吸引盐商重整旗鼓,恢复两淮盐运。但是,此时海势已经东移,淮南盐场的产量日减,大量盐场改为农垦,盐商们已无力改变局势。至此,清初显赫一时的盐商消费团体完全解体。

盐商的失势,对扬州城市产生了直接影响。嘉庆二十二年(1817年),钱泳游历扬州时,发现扬州的许多著名园林已经处于荒芜状态,曾经辉煌一时的平山堂、瘦西湖一带,"几成瓦砾场,非复旧时光景矣"[1]。阮元也发出了类似的感慨:"李艾塘(斗)撰《画舫录》在乾隆六十年,备载当年景物之盛,按图而索,园馆之成黄土者七八矣!"[2]

2)漕运的衰落

盐业为明清时期的扬州带来了巨大的财富,漕运则是扬州成为国家级交通中心的根基所在。历代皇帝都很重视运河的维护,为此不惜重金,因此扬州漕运及相关行业一直很兴盛。但是在清末突发的自然灾害以及战争等因素的共同影响下,扬州的漕运也彻底陷入衰落。

咸丰五年(1855年),黄河在河南铜瓦厢决口,引发的大水灾彻底摧毁了运河的航运体系。决口后的黄河改道向东北方向流淌,在山东张秋冲决运河河岸,并横穿运河,最终于利津附近汇入渤海。清政府本打算立即兴工堵筑运河决口,但忙于镇压太平天国和捻军的农民起义,无力进行整治该河道的工程,因而造成该河道被淤成平陆,加之缺乏水源供给,运河从此南北隔绝。大量经由扬州北上的漕船被阻隔在淮河一线,无法北上,只能改道上海,由海船运至天津。同治四年(1865年),"东南底定,扬属之漕仍变价解交江宁藩司江安粮道衙门买米,随海运赴津"。

太平天国被镇压之后,清政府曾尝试恢复漕运旧制,令苏北地区试办漕运。但持续了近13年的太平天国战争,已使清朝原有的漕运体系逐步瓦解,"自军兴以来,仓储、船只,焚毁折变净尽"[3],"向之

---

[1] 钱泳:《履园丛话》卷二十。
[2] 《扬州画舫录》,阮元道光十四年跋。
[3] 《刘坤一遗集》册一,中华书局1959年版。

帮丁尽散,粮船尽毁"[1],这次试运沿途"节节阻滞,艰险备尝"。朝廷大臣也纷纷反对,认为应该废除运河漕运,改行海运。在这种情况下,清政府不得不做出废河运、行海运的决定。同治八年(1869年),清政府下令各省,漕粮由"海船解津,余照章折解,以节运费,并随时指拨漕折银两采买接济"[2]。自此,扬州丧失了原本作为赣、湘、鄂、浙、皖、苏六省漕粮北上中转港的地位。同时,以往漕船携带的大批商品物资也无法周转。这一漕运停止后,与河、漕相关的管理机构相继被裁撤,运河处于无人治理的境地,航运状况更趋恶化。无法通航的大运河失去了作为南北经济联系主干道的作用,以运河为纽带的贸易体系彻底崩溃。依赖运河发展起来的商业、贸易纷纷呈现衰落之象,沿线城镇大受影响,扬州便是其中最典型的。

随着盐业与漕运这两大支柱产业的衰落,扬州的各行各业都受到了影响,其中首当其冲的是金融业。康乾年间,两淮盐务全盛之时,扬州是全国的金融中心。嘉庆道光年间,随着盐商财力的下降,钱庄业也开始疲软。到光绪二十五年(1899年),"扬州钱铺殷实可靠者不过数家,市上现银时虞不敷周转"[3]。

6.1.2 战争对城市的破坏

清晚期扬州传统优势产业衰落的同时,城市的传统空间格局也因战争的影响受到严重破坏。扬州在清晚期第一次受到战争的威胁是在第一次鸦片战争时期。当时,英军为控制运河漕运通道以达到示威清政府的目的,强行攻占了镇江。镇江城池因此饱受英军炮火的摧残,破坏严重。对岸扬州城内的绅商为避免受到镇江一样的劫难,凑集了白银50万两送给英军,以换取英军不攻打扬州。之后,由于清政府被迫同意和谈,鸦片战争结束,扬州顺利逃过一劫。

但是当1851年太平天国运动爆发并席卷东南地区的时候,扬州就无法避免地卷入了战争,并成为清军与太平天国军队的主要战场之一。1853年4月1日,太平军攻占镇江后不久,即渡江至瓜洲,由通江、挹江(即南门、钞关)两门攻入扬州。太平军占领扬州后,建立政权机关,指挥机构设在运司衙门内,并在城北沿江一带增筑城墙,以加强军事防御。

由于扬州为江北门户,"设有挫失,则淮安、清江全行震动。下河各州县为产米之区,仙女庙系各路米粮聚积之所,江浙两省民食兵糈(粮),咸赖于此。扬州不守……所关于全局甚大"[4]。因此清政府很快在扬州附近建立江北大营,集重兵于城四周,企图夺回扬州。双方在扬州反复激战,直到同治三年(1864年)太平天国运动被镇压,太平军前后三进三出,在扬州附近与清军进行了长达11年的拉锯战。

在此期间,由于战争双方的攻略,扬州城池多次陷落,几经兵燹之灾,破坏极为惨烈。城池被毁,官署、书院、繁华的街肆、园林甲第遭兵火洗劫,焚毁略尽。据倪在田《扬州御寇录》记载,清军入城之

1 《重订江苏海运全案续编》卷一。
2 《皇朝道咸同光奏议》卷三十四《军机录副·财政》刘坤一奏,同治八年九月二十日。
3 扬州市地方志办公室等:《落日辉煌话扬州》,黄山书社2001年版。
4 《向荣奏稿》卷十一。

后,为避免受到埋伏,"特将伪指挥所住之院署并多子、新盛、左卫暨辕门桥一带,高固新屋,全行烧毁,以觇猾贼埋伏之有无"[1]。经此巨大浩劫,扬州城市满目疮痍,到处是残垣断壁,城市传统的空间格局受到严重破坏。原本号称"两淮精气""繁华极顶之区"的扬州新城一带,"市廛牢落",商业区大幅萎缩。

战争造成的另一个严重后果是人口锐减。同治三年(1864年),太平天国被平定以后,江苏统计地方受害情况,江宁、镇江、常州及仪征最重,苏州、江都、甘泉等次之,松江、太仓又次之[2]。据记载,战乱后扬州府江都实在册人数为657 797人,比嘉庆十五年(1810年)减少189 018人[3],光绪七年(1871年)甘泉县实在册人数为239 915人,比嘉庆十四年(1809年)减少了425 998人[4]。按王树槐《太平天国乱时人口减低表》推算,总计咸丰二年(1852年)江都、甘泉、仪征三县人口为280万,战争结束后人口减为140万,大约损失一半[5],可见人口下降幅度之大。

另外,由于战争的影响,扬州周边农村经济受到严重摧残,大批市镇被毁,扬州城市赖以生存发展的经济基础几乎荡然无存。战后数十年,扬州城的经济实力仍无法恢复。光绪十二年(1886年)时人评论说:"今承平几二十年,井里幸无湮废而百利丧于烽烟,孑遗困于桑海,商失旧业,农忧石田,昔之富庶尽成贫瘠。"[6]太平天国战争之后,扬州四郊农村不再完全以扬州城为依托,各种土产转而贩运至上海行销。扬州的城郊经济区变成上海所需商品的初步加工地,昭示着扬州失去了昔日的煊赫地位,而成为上海这个近代商业中心的附庸。

总的来说,1840—1898年之间的这段时间,扬州受到运河的淤塞、海运和铁路的兴起等因素的影响,自身生存环境日益窘迫,同时面临着西方及以上海为龙头的开埠城市的挑战,商业中心的地位被逐步取代。在这种背景之下,清末民初扬州的城市面貌呈现出日渐颓败的迹象:曾经"甲于江左"的扬州园林,此时满眼是残垣断壁;道路、河道、桥梁等城市基础设施也由于缺乏维护和更新,趋于残破。虽然如此,但是此时扬州传统社会的内核依然保持不变,因此城市的变化不大,这也是当时全国大多数运河城市所面临的状况。实际上在1840年以后,只有少数开埠城市直接受到了外来冲击,并被迫率先走上向现代转型的道路。直到1895年甲午战争失败之后,中国社会受到了空前激烈、深远与广泛的震撼,才首次在全国范围产生了变革社会的内在渴求与动力。1898年发生的戊戌变法就是这种变革愿望的一次释放,也标志着中国传统社会全面向现代转型迈出了第一步。

1898年(光绪二十四年)6月11日,光绪帝发布《明定国是诏》,宣布实施新政,戊戌变法从此正式开始。此后,光绪皇帝根据康有为等人的建议,颁布了一系列变法诏书和谕令。主要内容有:经济上,设立农工商局、路矿总局,提倡开办实业;修筑铁路,开采矿藏;

---

[1] 倪在田:《扬州御寇录》,引自《中国近代史资料丛刊·太平天国》上海人民出版社2000年版。
[2] 《广陵史稿》第三。
[3] 《马端敏公奏议》卷七。
[4] 《江都县续志》。
[5] 《甘泉县续志·民赋考》"户口"。
[6] 《增修甘泉县志》序。

组织商会;改革财政。政治上,广开言路,允许士民上书言事;裁汰绿营,编练新军。文化上,废八股,兴西学,创办京师大学堂;设译书局,派留学生;奖励科学著作和发明。这些革新政令,目的在于学习西方文化、科学技术和经营管理制度,发展资本主义,建立君主立宪政体,使国家富强。但由于这次新政过于急进,并且威胁到整个上层阶级的利益,使朝中的守旧派不能容忍维新运动的发展。9月21日慈禧太后发动政变,将光绪皇帝囚禁于中南海瀛台,并废止除开设京师大学堂外的所有新政,变法宣告失败。

虽然从新政开始到结束,变法仅仅持续了103天,并没有取得多少实际的成果,但这是中国社会向现代化迈出的第一步。从此之后,清政府也不得不逐步调整政策,开始在各地倡办实业、设立工厂,并在各省设商务局、商会,保护商务,推广口岸商埠。从此,兴建实业之风在中国逐渐兴起。以扬州为代表的大多数运河城市正是在这样的背景下开始了向现代转型的过程。

6.1.3 城市实业的起步

扬州城市的现代化转型始于城市实业的建设。1905年,扬州西门街8号张荣坤创办"张胜和棉织厂",有人力毛巾机4台,手摇袜机2台。此为扬州使用机器的开始,也是扬州城市纺织工业的开端。由于此时国内正处于抵制美货运动时期(1905—1906年),各商家开设工厂的积极性较高,扬州城内的机器手工织布厂迅速增多,最多曾达到40余处[1]。但是当抵制美货运动平息后,在其他资本主义国家洋货的冲击下,扬州的纺织业经受不住这种沉重的压力,纷纷倒闭。1907年后,保存下来的不过10余家,而且都赔累不堪,难以为继。

宣统二年(1910年),在南京举办"南洋劝业会"之后,扬州的城市实业才得到全面发展。"劝业会"本质上就是一种商品博览会,与工业革命之后欧洲曾多次举行的万国博览会相同,对于商人推销商品、开拓市场极有好处。1908年,清朝两江总督(统辖江苏、安徽、江西三省)端方赴欧考察归来,意识到博览会对于实业的推动作用,两度奏请朝廷在南京举办"南洋劝业会","以振兴实业,开通民智"。清廷批准了奏请,令继任两江总督张人骏为南京劝业会会长,并命各省筹划本省产品参展。1910年6月5日,第一次南洋劝业会在南京隆重开幕。会展共持续了近6个月,吸引了近30万观摩者,总成交额数千万银元。会展中不仅汇集了中国各省的商品,也设有专门展示外国商品的参考馆,使当时追求近代文明的中国人大开眼界,对中国近代工业的发展起到了积极作用。与南京近在咫尺的扬州也受到此次会展的影响,城市实业得到较大发展。

据1912年的统计,当时扬州的工业生产主要分布在粮油加工、纺织、机器维修和电力等行业。规模稍大的织布厂只有两家,雇员三四十人。

---

1 《时报》,1907年1月26日。

6.1.4 清末扬州的城市形态

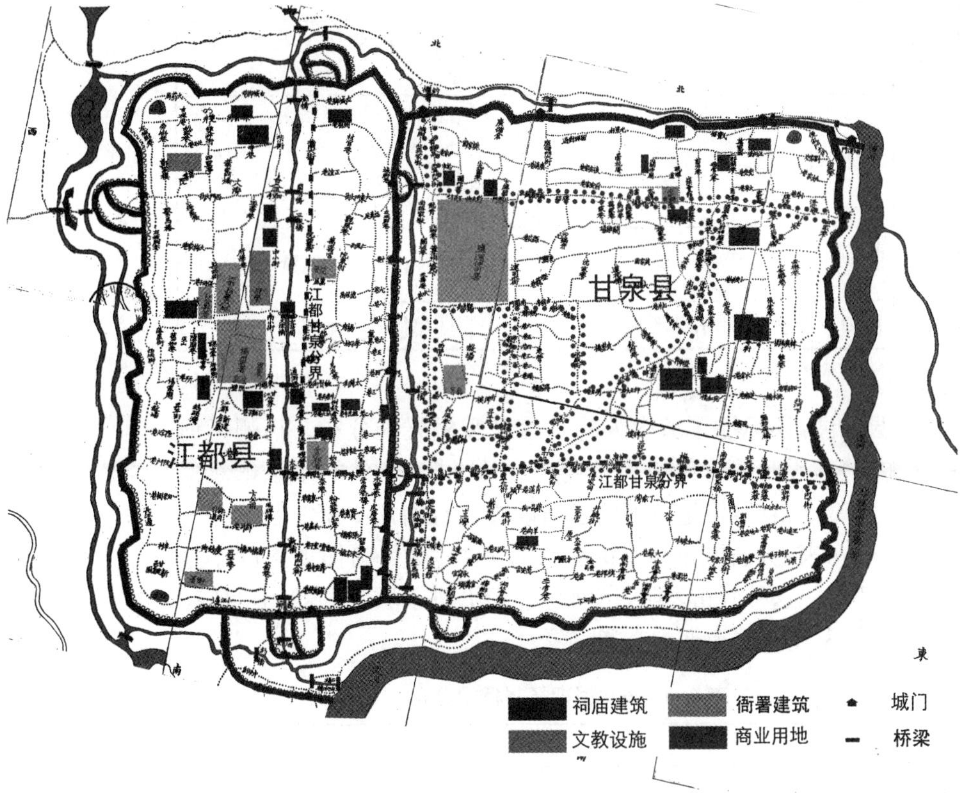

图 6-1　光绪时期扬州老城形态
来源：在光绪《江都甘泉县治图》基础上改绘

清末扬州经历了太平天国战争的破坏之后，城市赖以生存发展的经济基础受到严重削弱，但是由于直接影响城市空间的自然环境等因素依然维持了战争之前的状态，因此城市的物质形态变化并不明显。刊于光绪九年（1883年）的《光绪江都县续志》卷首图说中附有《江都甘泉县治图》[1]一幅，此图反映了当时扬州城市的空间形态。该图是现存最早的按比例绘制的扬州城市地图，内容翔实且相对准确，可以直接作为分析当时扬州城市形态的图形基础。

根据《县治图》所描绘的内容来看，当时扬州的城墙相对完整，仍然保持着旧城和新城并存的格局。从城门数量的分布上来看（表6-2），旧城的西、北、南三个方向各有一座城门，其中西侧和南侧是防御的重点，城门形制是复杂的多重瓮城结构，在瓮城之外还有拦马墙[2]；东侧有两座带有瓮城的城门以及5座"倒城门"，后者在之前的明清舆图上都没有出现，推测是在太平天国战争期间倒塌的。战争之后没有重新修筑，则反映出当时旧城与新城之间的交通联系已经越发密切。新城的南侧和东侧各有两座城门，北侧有4座城门，数量远高于旧城，这也反映出新城与外部环境的物资交换更为频繁。

---

[1] 以下简称《县治图》。
[2] 古代军事建筑的一种，一般位于城门之外，用于阻止骑兵对城门的直接冲击。

表 6-2　光绪时期扬州城门分布

位置	名称	数量	备注
城东	东关门(利津门)、缺口门(通济门)	2	
城西	通泗门	1	通泗门外有两重瓮城和一道挡军楼
城南	徐凝门、挹江门、安江门	3	其中挹江门外有单重瓮城一座,外侧称钞关门;安江门外有两重瓮城和一道拦马墙,墙上有两座城门,分别为挡军楼和通江门
城北	镇淮门、天宁门(拱辰门)、广储门、便益门、翊运门	5	其中镇淮门外有两重瓮城
城中	大东门(海宁门)、小东门、倒城门等	7	其中倒城门5处

来源:自绘

《县治图》还标注了城内外的水系以及桥梁的分布。扬州运河的水源丰富,因此尽管经历了长期的战争,城池内外的水系依然保持原有的基本格局,但是市河的通航能力已经有所下降。从表6-3桥梁的分布来看,旧城市河上的桥梁最多,其次是新旧城之间小秦淮上的桥梁。这种分布表明,市河与小秦淮对于城市的航运价值在下降,逐渐从交通要道变为交通阻隔。

表 6-3　光绪时期扬州桥梁分布

位置	名称	数量	总计
跨越护城河的桥梁	石桥、响水桥、钓桥等(其余未注明)	9	29
跨越城内市河的桥梁	洒金桥、义济桥、新桥、太平桥、通泗桥、文津桥、三板桥、开明桥、奎桥	9	
跨越城内小秦淮的桥梁	虹桥、鸦子桥、如意桥等(其余未注明)	6	
城外其他桥梁	未注明	5	

来源:自绘

《县治图》内最丰富的信息是对于城内街巷和重要公共建筑的记载。当时所关注的公共建筑以衙署机构和祠庙建筑为主,同时也标注了文教设施在城内的分布情况。从这些公共建筑的分布来看,清末扬州城内的功能布局相比明清时期变化不大。衙署机构与文教设施大多分布于旧城,只有盐运使司署由于与运河联系紧密而位于新城。祠庙建筑的数量在旧城和新城都很多,但是所祭祀的对象不同。据表6-4统计,旧城内崇拜地方神的寺庙最多,新城内寺庙则种类较多,并没有明显的规律可循。其他功能分区中,商业建筑依然延续了明清时期的格局,变化最大的是住宅区的分布。在商人聚居的新城中,随着盐业的衰落,位于南河下与北河下的盐商豪宅被纷纷抛弃,原本城市中最繁华的角落逐渐沦落为寻常市井。

表 6-4 光绪时期扬州城内祠庙列表

祠庙类型	旧城祠庙	数量		新城祠庙	数量	
佛寺	西方寺、石塔寺、古观音寺、旌忠寺	4	总计19座	弥陀寺、准提寺、兴教寺、万寿寺、地藏寺	5	总计15座
	拈花庵、大佛庵	2		演法庵	1	
道观		0		琼花观	1	
神庙	东岳庙、关庙、禹王庙、城隍庙、都天行宫、华大王庙、刘猛将军庙、五神庙、真武庙	9		财神庙、小关帝庙、二郎庙、火星庙、都天庙、真君殿	6	
宗祠	昭忠祠(2个)、世公祠、文昌阁	4		汪祠堂	1	
清真寺				礼拜寺	1	

来源：自绘

6.2 民国时期的城市建设(1912—1937年)

6.2.1 城市实业的发展

民国建立后，由于民国政府注重经济建设，扬州的工厂和实业继续发展。1924年，扬州田家巷董厚和创办袜厂，有手摇袜机69台，为当时江苏省针织十大厂家之一。除织布业外，扬州针织业也有所发展，至1937年有织毛巾厂6家，织袜厂9家。扬州的粮油加工业始于清末，最早使用机器加工稻谷和面粉，至民国使用机器的碾米厂和面粉厂逐渐兴起。清光绪六年(1880年)开业的江都县樊川镇的油米厂是扬州最早采用机器碾米的工厂。清光绪三十二年(1906年)开业的高邮亨康记面粉公司是近代扬州规模最大的面粉厂，日产面粉2 000包。1933年，因高邮发生水灾，该公司迁往扬州市区，并成立了扬州麦粉厂兴记股份有限公司。工厂于便益门外古运河西岸高桥南街2号建成制粉车间大楼、粉麦堆栈，招收60余名职工。厂房为砖木结构五层楼，是当时扬州城的第一高大建筑。扬州的制蛋工厂中最著名的是汉兴祥蛋厂。该厂原设在兴化，1946年，因国民党反动派发动内战，在兴化已难以生存。安徽芜湖籍老板朋中强(原名汉兴)便租用张姓开办的龙昌粉丝坊旧址，将厂迁至扬州东关城外古运河东岸的二畔铺，并改名为"扬州汉兴祥蛋厂"。

近代扬州最重要的工厂是诞生于民国初年的振扬电灯厂。1913年，无锡商人祝大春(兰舫)在扬州钞关创建江都振明电灯公司，并建厂发电。最初装机容量为146千瓦，仅供官府衙门和盐商豪宅用电。随着城市的拓展，城市照明及工业用电需求加大。1917年，公司增大功率，扩大营业区域，并更名为江都振扬电气股份有限公司。至1936年，振扬电气公司线路遍及全城，发电量达到260千瓦，并可对近郊的三汊河、高旻寺、霍桥镇等地供电。

总的来说,扬州近代工业以轻工业占主导地位,而且轻工业中服务于生活消费的占绝大多数。一方面扬州近代工业从一开始就继承了传统行业结构的特征,部分从传统手工行业转化而来,具有一定的市场环境;另一方面,新兴的棉纺织、碾米、面粉、织袜、印刷等行业投资风险不大,见效快,成本又可大可小,因此颇受扬州商人的青睐。但是近代扬州的工业一直未能得到有效发展,规模十分有限。在1933年的统计中,工业人口不足千人,只占扬州人口总数的1%。振扬电厂、兴记麦粉厂与汉兴祥蛋厂就是扬州近代工业的主要代表,由于蛋厂只能季节性生产,一年中要停产半年,故总称"两爿半厂"。

表6-5 1933年扬州工业规模表

工业类别	工厂数量	资本总额(元)	工人数	产量总值(元)
电气工业	1	320 000	62	219 400
香货业	2	12 000	38	32 400
漆器业	5	4 200	45	40 500
牙刷业	6	1 350	40	10 500
火腿业	7	38 000	—	72 500
酱园业	8	—	—	382 000
肥皂业	3	3 000	12	42 000
棉织业	15	6 000	90	37 500
织袜	8	32 000	560	160 000
碾米	7	17 500	56	25 200
面粉	1	200 000	120	1 600 000
印刷	18	13 500	75	30 000
总计	81	647 550	1 098	2 652 000

来源:《扬州市志》

6.2.2 运输方式的升级

民国时期,随着现代运输设施的不断引进,扬州的货物运输也逐渐摆脱了以木帆船和马车为主要运输工具的传统运输方式,实现了运输方式的升级。其中,从木帆船到轮船的升级提升了水路的货运能力,汽车和柏油马路则取代了传统的马车和土路,增强了陆路的运输能力,但是扬州却错过了对近代交通运输影响最大的铁路。

1) 轮船航运

漕运停止以后,近代扬州的交通运输规模大幅下降。但是由于扬州段运河的航道条件较好,在适应了交通运输工具的升级换代之后,扬州的航运业保持了一定规模的发展,逐步向现代化过渡。1898年,扬州就开始有轮船运输。1899年,丰源康公司成立,运行从镇江到瓜洲的航线;1902年成立的招商内河轮船公司,航行镇江经扬州至清江浦线;1905年建立的华通公司,航行扬州至清江浦线。1903年,南通实业家张謇在上海创办大达内河小轮公司,将航线由南通至海安延伸至扬州;1933年,中国轮船总局设于镇江,开行镇扬线。到1934年,行驶于扬州的轮船企业有16家,经营航线有15条。

可见,扬州已经被吸纳进了近代中国长江航线的运动带上,有效推动了扬州城市现代化的发展。但是扬州始发航线的距离都不长,最远向北可沿淮扬运河至清江浦,向东可沿运盐河至南通的唐家闸,向南可沿江至上海,向西则只能过江到南京。从航线范围可以看出,近代扬州的交通可达范围主要是淮扬运河和运盐河所联系的苏北地区,与长江以南的城市联系不多。这一方面是受到南京和上海这两个近代超级城市的压制,另一方面也说明扬州与长江以南地区的经济联系较少。

2) 公路运输

除了轮船航运之外,另一种主要的现代交通运输方式——公路也于民国年间在扬州出现。最早提倡在扬州修筑公路的是当地开明绅士卢殿虎,他认为扬州经济之所以不如江南,重要原因是交通闭塞。在他的努力下,1922年12月,从扬州至六圩的扬圩公路建成通车。此路全程14.7公里,宽2.4丈,是扬州地区第一条公路,也开创了苏北全境筑路的先河。第二年,卢殿虎创办江北长途汽车公司(后改为镇扬长途汽车股份有限公司,简称镇扬汽车公司)经营汽车客运,使扬州与长江南岸通过陆路得以联系起来。当时汽车公司在扬州的车站位于城墙以南的运河岸边,为了加强车站与城内的交通联系,政府在挹江门和徐凝门之间的城墙上新开凿了一座城门以通行六圩和扬州之间的汽车路,并由省政府命名为福运门。

3) 铁路运输

虽然规模不大,但是轮船航运与汽车运输这两种近代新兴的物资运输方式都在扬州有所发展,而近代最重要的交通方式——铁路却数次与扬州擦肩而过,导致扬州被彻底甩出近代交通体系之外。

扬州在近代第一次与铁路擦肩而过是津镇铁路改为津浦铁路。当时镇江和扬州两地的商人出于不同的原因都反对兴建铁路,同时已经通车的沪宁铁路促使南京的商人积极争取铁路改线。在宁、镇、扬三方的合力影响下,津镇铁路最终改为津浦铁路。

辛亥革命后,孙中山把大总统位让于袁世凯,立志全心全意为国修路。袁世凯授其"全国铁路全权"。其间孙中山到镇江考察,提出修建瓜洲至清江的铁路,以形成苏北铁路的"Y"形线网,这样扬州就可以和津浦、陇海、沪宁铁路连成一线,但此方案被北洋政府否定。从1913至1925年,北洋政府通过向外国政府借款修成了陇海线徐海段,初步形成了江苏境内二横一竖的铁路格局,扬州再次被中国现代铁路网抛弃。此后近代时期再无在扬州修筑铁路的提议,扬州只能依靠以大运河为主干的内河航运进行物资运输,这也正是扬州在近代一直难以重新振兴的最主要原因。

6.2.3 城市设施的更新

清末民初,伴随着城市现代化转型的展开,构成城市形态的各要素开始发生变化,扬州的城市布局也因此有所变动。一方面传统的城市要素如城墙、运河、衙署等逐渐消失或影响力降低,另一方面新式的城市公共设施开始不断出现,共同导致城市形态中的传统特征逐步减少,现代特征渐趋明显。

城市形态的传统要素中变化最显著的是城墙。近代以来,中国各地都掀起了拆除城墙的浪潮。民国建立之初,对于扬州城墙也多有建、变、卖的提议。但是在地方人士的强烈抗议之下未能实施,仅拆除月城以充作教育经费。1916 年,为促进新旧城之间的联系,扬州江都县政府拆除了小秦淮西侧新旧城之间的城墙及旧城大东门。由于当时扬州新旧城早已连为一体,拆除这段城墙相当于清除了影响扬州城内部联系的最大障碍,此举得到了当时大多数民众的支持。

之后,由于城墙在近代的军事防御价值降低,1927 年还曾拆除南门外挡军楼城墙。1929 年,省立扬州中学为建设礼堂向省政府申请资助,省政府奉令准许其拆除四城城墙之上的女墙以建筑礼堂,并称之为"化无用为有用"。然而自此以后,扬州城墙的雉堞无存,不仅失去了视觉上的雄伟气势,也严重损坏了城墙的本体,拆毁之处每逢雨水灌入,时有崩裂发生。但是此后近代时期内再没有发生对于城墙的破坏,使扬州在整个近代时期都保持着城市被城墙环绕这一中国传统城市形态中最重要的特征。

清末民初新兴的城市公共设施首先是邮局以及管理电报、电话等新生事物的电报电话局。光绪二十四年(1898年)十二月,扬州邮政分局正式开业,局址设在砖街(今渡江路)。光绪三十三年(1907年),扬州商务分会在左卫街成立。1915 年 11 月,交通部在扬州左卫街(今广陵路)设电话局。这些机构的选址都位于扬州新城南部,靠近当时城市经济最繁荣的商业区,也靠近城市中消费能力最强的盐商居住区。

另一类民国时期新出现的城市设施是替代衙署机构的现代政府部门。但是民国时期扬州的政府机构大多利用旧有建筑直接使用。民国初年,江都民政府与军政府同设于淮南总局,之后迁于两淮中学堂,称民政署。1913 年迁回旧江都县署,称为知事署,1927 年改称江都县政府。财政局一直设在县政府院内,教育局在扬州第一图书馆办公。建设局则在旧江都典史署的基址上改设,并另辟大门,于县西街出入。公安局在清末已经设置,当时称为警察局,位于东关街旧安定书院。

总的来说,清末民初扬州的城市形态开始发生变化。但是由于城市现代化进程的迟缓,城市形态受传统因素的影响依然比较深。城市功能分区变化不大,其中商业区仍然在以教场为中心的东区,西区渐渐发展成了有县学、府学、第五师范、省立扬中等机构的文化密集区,官署区则位于商业区与文化区之间。

民国初期,扬州开展了局部的城市建设。但是由于北洋政府派系林立,彼此之间战争不断,没有精力进行大规模的城市建设,因此扬州在北洋时期城市形态变化不大。南京国民政府成立以后,真正实现了全国统一,因此得以全力开展国家经济建设。其中城市建设方面制定了新的管理制度,在各城市成立专门的建设部门以指导城市建设,扬州也因此受益颇多。即使在十四年抗战期间,扬州的城市建设有所中断,但是抗日战争结束后,国民政府迅速为重建城市开展了扬州的第一次城市规划。因此,1929—1949年的二十年,是近代扬州城市建设项目最多、变化最显著的时期。

6.2.4 民国中期的城市建设

南京国民政府成立之后,江都县政府始设建设局统筹市政建设事宜。江苏省建设厅批准颁发《江都县政府建筑查勘管理办法》,凡在城市新建、改建、修理、拆卖房屋及其他建筑物,必须申报当地建设主管批准。另外,从清末到抗战前,城市的测绘工作进一步细密化。同治、光绪年间绘制的《扬州府治城图》已经比较正规,城厢街巷布局及相对位置已基本准确。民国时期,城市测绘质量进一步精密。到抗战前,江都县政府建设科共绘制了四份万分之一的明细图及城厢市图。以此为基础,1930年代扬州建设科主持进行了修筑现代马路以及兴修城市公园等城市基础设施的建设,并建设了少量其他城市公共设施。

1) 修筑现代马路

民国时期,扬州城市交通工具发生变革,昔日的轿舆逐步被淘汰,代之而起的是大量的人力车和少量自行车、汽车。因此,扬州城区开始建设现代马路。1929年,由建设局长王道平主持在埂子街、大儒坊、多子街的道路交叉处进行道路拓宽工程,拆除原有街道两旁的房屋,使道路拓宽到8米,建成长60米的十字道路,时称"模范马路"。拓宽之时,拆除了原有的砖石路面,意图模仿上海的马路。但是施工效果不佳,之后屡修屡坏,一遇阴雨,道路泥泞不堪,不得已改用碎石为路面,仍然凹凸不平,无法通行汽车。1937年3月至8月,为使南门外公路汽车直达北门外瘦西湖景区,由江都县建设局组织私营王殿记营造厂承包施工兴建新马路(今淮海路),从新南门至新北门长1.95公里,路幅宽12米,其中车行道8米,泥结碎砖路面,连新北门桥工程合计造价5.84万元。

另外,1920年代至1930年代扬州通往四周城乡陆续建成瓜扬、扬圩、扬霍、扬天、扬仙、扬庙、扬槐、扬六等公路通车。其中瓜扬汽车路自新开辟的福运门至长江口嘉兴桥,扬霍路从缺口门至霍家桥大达公司轮船码头,都是连接水路与陆路交通的要道,说明当时水运对于扬州来说还是很重要的交通方式。

表 6-6　民国时期扬州市区修建的道路一览表

原道路名称	起讫地点	长度(米)	路幅(米)	始建年代	现道路名称
新马路	南至新南门,北至新北门	1 950	13	1937	淮海路
扬仙路段	南接江都路,北至解放东路	770	12	1935	解放南路
扬仙路段	东接运河东路,西至解放东路	2 650	12	1935	解放北路
扬六路段	北至渡江桥,南至三里桥	1 220	12	1922	渡江南路
扬六路、扬仙路段	西起通扬桥东,东至江都路	3 000	12	1935	通扬路
扬州路段	东至通扬桥,西至迎新路	2 550	12	1936	迎新路
扬庙公路段	东接西门外大街,西至宝带河	750	12	1936	双桥路
扬天路段	南接双桥路,北接西山堂路	2 450	12	1933	念泗桥路
新马路南段	南接扬六路,北接南通路	710	8	1937	荷花池路

来源:《扬州市志》

2)兴修城市公园

扬州历史上名园众多,但是近代以后由于城市经济衰弱,许多城市景观呈现败萎状态。民国建立后,成立了江都县风景委员会,专门负责整理风景区,先后在徐园、长堤春柳、凫庄、叶林、浮梅屿等处植树。1929 年,江都县政府制定了《江都城厢草地公园计划》,为了克服"市民每苦终日处身嚣尘之中,无充分清新之空气,故于城厢区内设公园数处以普及调剂市民之生活"。决定"先辟北门外城基地与县学前之空置两处为草地公园"。当时计划在县学前规划一个椭圆形草地公园,在北门外背倚城墙设一三角形草地公园,内设孙中山像,供市人游玩休息[1]。不久,又开始整理瘦西湖的计划,同时在全县广开言路,要求大家献计献策。1936 年江都县风景委员会筑环湖小路,"沿北城河两侧至蜀冈一带。环植海桐垂柳等树"[2],恢复了瘦西湖的"两岸花柳全依水,一路楼台直到山"的风景。这些景观建设提高了城市的现代化水平,也改善了人民的生活质量。

3)其他公共设施

民国时期新建的公共设施主要是公共体育场。民国初期,扬州市区有城西公共体育场。1928 年 10 月,江都县投资 1 680 元,在城区嵇家湾、原安定书院废址新建江都县公共体育场,为西区公共体育场。1929 年 8 月,又在南河下康山投资近 1 000 元,筹建了东区公共体育场。

近代时期,扬州的社会福利事业十分发达。据 1937 年徐谦芳著《扬州风土记略》记载:"博施好义之风,扬人最盛。以是慈善事业江

---

[1]《江都县府公报》二十期,1929 年 11 月 15 日。

[2]《扬州日报》,1936 年 7 月 28 日。

苏为冠，虽江宁、苏州弗若也。"民国政府成立后，江都县专门成立了主管社会福利的民政科。因此，民国时期扬州各地建设了大量慈善机构，在扬州城厢内有施医所、育婴所、孤儿所、残废所、妇女救济所、游民感化所、贷款所、妇孺教养所、养老所、贫民习艺所、公善堂、怀少堂、红十字会等。

6.2.5 民国时期扬州的城市形态

民国时期扬州的城市建设活动增多，影响城市形态的诸要素都发生了变化，因此城市形态与清末已经有很大不同。记录这一时期城市形态的地图数量较多，并且出现许多按比例绘制的城市地形图。这与西方测绘技术的引进和民国期间政府组织进行城市测绘有关。仅笔者搜集到的就有民国时期扬州志成印书发行的《扬州城市简要图》、1923 年扬州青云斋印刷馆发行的《扬州城市图》、发行于 1927 年的《江都县城市图》以及发行于 1931 年的《江都县城厢市图》。这几幅图的表现范围大多以扬州城墙为边界，城墙外的区域被忽略，只有 1927 年的《江都县城市图》包括城墙以外的区域，因此，以该图为基础，分析民国时期扬州的城市形态。

图 6-2 民国时期扬州城市形态分析图
来源：自绘

这一时期扬州城市形态最显著的变化是拆除了旧城与新城之间的城墙,使旧城与新城彻底成为一体。另外,南门外的挡军楼城墙和部分城门的月城也在民国初期被拆除。但是从城市形态的四大要素来看,当时扬州的城市空间结构变化仍然不大。主城区的范围的确是以城墙为边界,城墙以外少有建筑存在,只有运河沿线存在少量房屋。城市水系基本延续了清末的形态,但是在公路等现代交通方式的冲击下,城内的两条市河逐渐失去航运功能,从交通要道变为城市景观。民国时期扬州新建的道路大多位于城市外围,以连接周边地区,因此老城内部的街巷系统没有变化,只有功能分区这一影响城市形态的重要因素在民国时期变化颇大。实际上,这种功能性的转变是近代扬州城市形态变迁的主要特点,虽然物质空间的结构形态变化不大,但是空间所承担的功能已经发生变化。

当时扬州城内的功能区相比清末已经发生了不小的变化。居住仍然是城内最主要的功能,遍布旧城和新城;政府建筑数量大幅减少,这一方面与民国时期行政体制改革有关,另一方面也反映了扬州行政地位的下降;商业用地仍然沿新城几条主要街道分布,行业公会和各地会馆相对集中于新城的南部,说明扬州的商业与盐业仍然有着千丝万缕的联系。文教设施和祠庙建筑的具体内容和在城市中的分布则属于变化比较大的类型。传统的书院和府学、县学已经撤销,取而代之的是师范、中学等新式教育机构,分布范围在旧城和新城也相对均衡,甚至还出现了多所女子学校(表6-7)。祠庙建筑的类型在民国时期十分丰富,除了原有的佛寺、庵堂、道观、清真寺、纪念宗祠和地方神庙宇之外,还出现了大量宣扬基督教的场所,如耶稣堂、天主堂、圣母堂等(表6-8)。在商业集中的新城,财神庙的数量远超其他各类庙宇,以观音庵命名的庵堂也大量出现。前者可以视作宗教世俗化的反应,后者则原因不明,可能与扬州当时的民俗有关。

表6-7 民国时期扬州教育机构分布表

	教育机构名称	数量
旧城	县立高校、第八中学、国民小学、第五师范、慕究理女学校、幼稚园、图书馆	7
新城	第一学校、女子公专、美汉中学、商业中学、县一初中、崇德女校、第五师范附属小学、高等小学	8

来源:根据1927年《江都县城市图》数据整理

表 6-8 民国时期扬州祠庙建筑分布表

类型	旧城祠庙	数量	新城祠庙	数量	城外祠庙	数量
佛寺	西方寺、石塔寺、古观音寺、旌忠寺、宝光寺、寿安寺	6	弥陀寺、准提寺、地藏寺、观音寺、祇陀精舍、龙华寺、报恩寺、莲池寺、太平禅林、藏经禅林、普陀寺、定慧寺	12	小南海、地藏堂、慧因寺、龙光寺、重宁寺、天宁寺、北来寺、长生寺、智珠寺、静慧寺、福缘寺	11
	吉祥庵、宝月庵、拈花庵、大佛庵、国通庵、观音庵(4个)	9	演法庵、观音庵(7个)、拈花庵、孝贞庵、虚净庵、证法庵、紫竹庵、福慧庵、禅贞庵、满愿庵	16	长生庵、福荫庵、永寿庵	3
道观	玄帝观	1	琼花观、文林道院	2		0
神庙	东岳庙、关庙、禹王庙、城隍庙、都天行宫、华大王庙、财神庙	7	财神庙(4个)、关帝庙、二郎庙、火武庙、星庙、东岳庙、都天庙	10	大王庙、都天庙(2个)	3
宗祠	文昌阁、仓圣祠、卞公庙、胡公祠、方氏宗祠、吴公祠、阮公庙	7	曹公祠、康山庙、双忠祠、谢公祠	4	史公祠、都富祠、徐公祠、萧孝子祠	4
清真寺	清真寺(2个)	2	礼拜寺	1	礼拜寺、清真寺(2个)	3
教堂	基督教堂	1	圣公会、耶稣堂(2个)、圣母堂、天主堂	5		0
		总计33处		总计50处		总计24处

来源:根据1927年《江都县城市图》数据整理

6.3 战争时期的城市停滞(1937—1949年)

6.3.1 抗战时期的城市状况

民国政府对扬州的城市建设被日军发动的侵华战争打断。1937年12月14日,日军占领扬州并在城内纵火,"东至皮市街,西至教场,南至丁家湾,北至罗湾,留在城里的居民都看见熊熊火光"。此后直到1945年日军投降,扬州处于日军的控制之下长达8年。抗战期间,城市管理机构基本沿袭民国政府的建制,设立建设科负责城市建设。不过由于当时扬州在交通区位上的重要性已经下降,日军在扬州并未进行大规模的建设,只是对交通设施进行了必要的更新和维护。

1938年,日伪政权成立"江北长途汽车管理处"。车站设于文昌楼西旧府学内,有汽车10余辆,经营扬圩、扬仙、扬霍、扬天等线路客班车,1941年,日伪"华中铁道公司"在扬分支机构"扬州自动车区"设立。有汽车50～60辆,行驶镇扬线经营客运,主要经营扬泰、扬清、扬天等各条线路。1941年秋,日伪在泰州西郊九龙桥附近筑飞机场,后废弃。市内的建设量极少,只在1939年重建肖市桥(小石桥),1941年建跨南护城河的新南门桥,为单孔砖拱桥。

6.3.2 战后的城市重建规划

1945年秋抗日战争胜利后,国民政府开始对收复区城镇进行恢复并重行营建。江苏省政府抄发国民政府于1939年6月8日公布的《都市计划法》及战后颁布的《收复区城镇营建规则》《城镇重建规划须知》《地方政府恢复破坏城镇应行注意事项》《县乡营建实施纲要》《战后营建城镇提供资料要则》下达各县[1],扬州迎来了近代城市建设的一次重要契机。

根据省政府的这些指示,1945年11月,江都县政府拟具《江都县城营建计划大纲》,编制《城厢扩宽街道计划纲要》,并附城厢规划图于同年11月28日上报江苏省政府,省府于同年12月原则批准下达。1946年春,江都县政府成立建设科,负责具体编制江都城厢规划,先后于1946年6月、1947年5月两次修订城厢规划。

[1] 李百先:《扬州城乡建设志》,黄山书社1993年版。

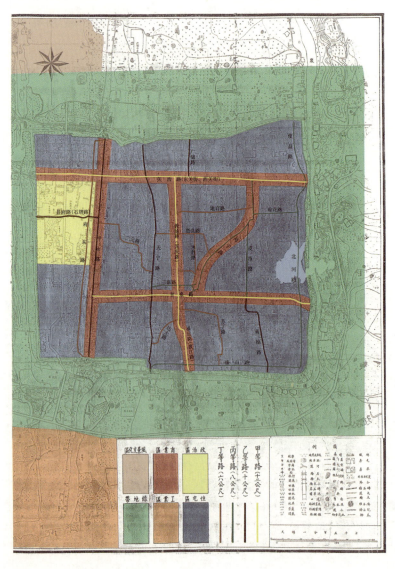

图6-3 1945年扬州城市规划图
来源:根据《扬州都市营建计划图》重绘

1945年11月编拟的《城厢营建计划大纲》主要内容为：

功能分区规划：政治区——江都县政府（今广陵区人民政府）及其附近地域；工业区——城南通扬桥南运河下游南岸；风景区——城北瘦西湖、平山堂、观音山一带；商业区——城内原有商业街道及教场附近公共商场；住宅区——原有小街小巷居民住宅均为住宅区；文化区——原有学校及主要祠庙地段；绿化带——运河及北城河外围，绿化小区有文庙（西门街小学）、萃园、公园（公园桥西），划定运河两岸8米内、汶河两岸3米内不得有房屋建筑，作为绿化植树地带。

街道扩宽规划：规划将扬州城厢道路划分甲乙丙丁四个等级。甲级道路幅宽12米，其中车行道8米，人行道各2米，有福运路（今渡江路）、教场路（今国庆路）、甘泉路（今甘泉路、广陵路）、关西路（东关街至西关街）4条；乙级道路幅宽10米，其中车行道7米，人行道各1.5米，有平山路（南门街至北门街）、天宁路（天宁门至钞关）、县府路（今石塔路东段）、蒋徐路（蒋家桥至徐凝门）、广储路（广储门街）5条；丙级道路幅宽8米，其中车行道6米，人行道各1米，有湾子路（罗湾至打铜巷）、琼花路（今琼花路东段）、便益路（便益门街）、北河路（北河下、田家巷）、康山路（康山街、南河下）、三新路（三义阁、新胜街）、皮市路（皮市街、观巷）7条；丁级道路幅宽6米，有贤良路（今萃园路经古旗亭、通运街到马市口）、苏丁路（苏唱街、丁家湾、居士巷）、府东路（北小街经南小街到屈巷）、三元路（今三元路中段经嵇家湾、四巷到新桥）、地官路（地官第、东圈门）、永胜路（永胜街、得胜桥）、达士路（达士巷）7条。

此外，规定里巷宽度4米至5米者，有130条。其余里巷能通行者3米，不能通行者2米。还规划城外主要街道扩宽计划，凹字街、缺口外街、福运门外街、西门外大街扩至12米；南门外街、小码头、北门外大街、徐凝门外大街、钞关外街、便益门外街扩宽至10米；皮坊街、运河两岸扩宽至8米；猪草坡扩宽至6米。

1945年9月—1948年，先后编制《扬州城厢拓宽街道规划》《扬州城市规划》，始建扬州—湾头土公路，抢修通扬桥、头道桥、二道桥。在扬州市区兴建便益门外简易建筑"国民大戏院"，福运门外修建公园桥、通泗桥、新北门桥及多处城墙。但是由于国内战争不断，以及扬州政府建设资金不足，这些规划并没有来得及实施。近代末期，扬州古城的城市形态仍然是小街小巷密集，以古老平房为主，市政公用设施简陋。

6.3.3 战后扬州的城市形态

1937年被日军占领以后，扬州的城市建设基本处于停滞状态。虽然在对日战争结束后制定了重建规划，但是受到财政困难的限制以及国内战争的影响，规划没能实施。因此，战后扬州的城市形态基本是战前的延续，局部甚至有所衰败。与民国初期相比，最显著的变化是修筑了几条马路之后街巷肌理有所改变。虽然穿越城市内部的新建道路只有新马路一条，但是扬仪路、扬六路、扬仙路的开通，还是影响了城内主干道路的走向。新城福运门开凿之后，从福运门外的汽车站向北经过教场到东大街，逐渐形成了新的城市南北主干道。在当时的规划中，这条道路就是"两横一纵"的城市主干道中纵向的一条。事实上，1949年以后这条规划中的城市主干道才得以实现，称国庆路，完全取代了原本的城市南北主干道——南北大街和北门大街。

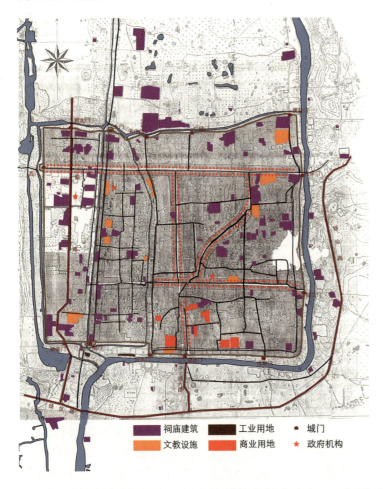

图 6-4　民国后期扬州城市形态
来源：自绘

近代城市中常见的工业区在扬州始终没有出现，一直到近代晚期，扬州城内都没有工厂出现。扬州最重要的两爿厂、振扬电灯厂位于城南城墙与运河之间的空地上，兴记麦粉厂则位于城北的运河边。笔者推测，如果扬州近代工业能够发展起来，运河沿线将是扬州主要的工业区。

6.4 小结

整个近代时期,扬州城市现代化的步伐远远落后于江南的城市。原因之一就是扬州是一个传统的商业城市,商业人口一直是扬州城市人口的主体,到了近代因扬州工业薄弱,这一格局并未被打破,在士农工商中从事商业的人口仍是主流,而且随着人口的增长、经济的发展,从事商业的人口规模是越来越大。据谢持方《江都县政》的资料,"全城商店之总数共约九千余家,大商店约三百家左右"。这些商店就算每家店有3~4人的话,从业人员即有3万左右,占当时扬州10万人的三分之一。如果再算上从事茶楼、酒肆、浴室、旅馆等服务行业的人员,比例还要更高一些。这说明商人在近代仍然是扬州城市的主体,扬州的城市功能以商贸休闲为主,工业处于从属地位。

民国政府成立之后,虽然意图恢复运河的内河航运功能,但是由于国内的物资交换已经完全被铁路和海运占据,只能作罢。因此,扬州在民国期间依然没有大的发展,城市格局变化也不大。但正是因为变化不大,才使得扬州作为运河城市的形态格局在近代以后得以较完整地保存下来,成为当今城市的运河遗产。

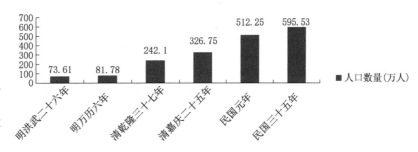

图 6-5 明清民国时期扬州府人口数据图
来源:根据《扬州建置笔谈》江都县数据制作

第七章　起起落落镇江城

对于镇江来说，近代镇江城市形态的演变可以分为前后五个阶段。第一阶段为1840—1860年，受到多次战争的破坏和漕运中断的影响，运河城市的传统空间体系受到严重冲击，为之后的系统变迁埋下伏笔；第二阶段为1861—1908年，在通商开埠的影响下，以租界为核心的西津渡区域成为城市新的中心区；第三阶段为1908—1928年，在铁路通车和港口淤塞的共同影响下，镇江的商业变得萧条，但是辛亥革命之后，近代工业开始在镇江起步，城市的功能结构出现较大改变；第四阶段为1929—1937年，这一时期镇江作为民国江苏省的省会进行了全面的规划和建设，奠定了近现代镇江城市形态的基本格局；第五阶段为1937—1949年，这一时期镇江被日本军队占领长达八年，城市发展停滞，日本投降后国民政府虽然进行了恢复性建设，但由于仍处于内战之中，收效不大。

表7-1　镇江近代城市变迁重大事件一览表

时间	主要事件	影响
1853年	太平天国占领镇江	城市物质形态遭到破坏
1855年	黄河决口导致运河南北断航，漕运改走海路	城市传统产业逐渐衰落
1861年	镇江开埠通商，在西津渡设立英租界	转口贸易大发展
1908年	沪宁铁路及其江边支线通车	铁水联运，促进商业繁荣
1929年	江苏省会迁至镇江	大规模开展城市规划与建设
1937年	侵华日军占领镇江	城市受到严重破坏
1945年	战后重建计划	局部恢复城市面貌

来源：自绘

7.1 清朝末期的城市转型(1840—1860年)

1840—1860年这段时间,是镇江地区战争频发的二十年。1840—1842年的第一次鸦片战争,1851—1864年的太平天国战争以及1856—1860年的第二次鸦片战争都与镇江有关,并直接对镇江的传统城市格局产生了巨大的冲击。在历次战争的影响下,镇江作为运河城市的物质基础和产业结构都逐步走向衰落,为之后的城市转型以及形态变迁埋下了伏笔。

7.1.1 战争频发破坏传统格局

第一次鸦片战争发端于广州,而战争的终结则是以英国军队攻占镇江为转折点。1842年7月,英军几乎投入了全部的兵力进犯镇江,但是也受到了开战以来最激烈的抵抗,战斗中英军损失达185人。在入城之后,英军展开了报复,不仅大肆屠杀百姓,还在城内四处纵火。据《光绪丹徒县志》记载,当时"西门桥至银山门无日不火,峻宇重垣,悉成瓦砾"[1]。因此,这次战争对镇江的城市面貌造成了严重的直接破坏。十年之后,镇江再次受到战争的影响,这一次破坏更为严重,持续时间也更长。

1853年3月31日,太平军由林开芳、李凤祥和罗大纲率领,从南京沿长江水路进攻镇江。清朝地方官员闻风逃窜,太平军基本没遇到什么抵抗就从西门和北门攻入城池,占领了镇江。太平天国战争期间,镇江作为首都天京的门户,战略地位极为重要。曾国藩评价镇江:"最据形胜,北可联络淮扬,南可规复苏常,内可俯瞰金陵,北可屏蔽里下河。"因此,对于太平军与清军双方来说,镇江都是必争之地。所以整个太平天国战争期间,镇江都处于战火不断的状态。1853—1857年镇江被太平军占领,清军不断围攻;1857年底清军重占镇江之后,则被太平军包围,双方呈胶着状态长达七年。直到1864年天京沦陷,镇江附近的战火才暂时熄灭。前后长达十二年的战争,对镇江造成了巨大的破坏,也改变了城市的空间格局。

太平军占领镇江后,为了加强对城市的防御,控制水陆交通,着手加固城防工事,先是打穿府城的后垣,沿龙埂筑城墙至北固山顶,又自北固山西侧沿江筑城至运河入江口,再循运河向南达西门外,这样就在原旧城的北侧形成了一座绵延6公里的新城。太平军在新城上修建了6个炮台,以沿江沿河防守。新城所包围的区域在明清时期一直是粮仓和运河支流所在,并不是主要的人口聚集区。新城建立之后,扩大了城区的范围,这一带逐渐成为新的平民居住区。虽然新城的城墙在太平天国被镇压之后大部分被清政府拆除,但是城市格局的改变已经不可逆转。

---

[1] 张怿伯:《镇江沦陷记》,江苏人民出版社2007年版。

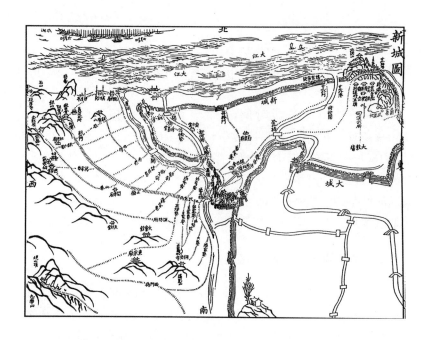

图 7-1　太平天国新城图
来源:《光绪丹徒县志》卷首附图

7.1.2　运河断航影响传统产业

除了战争对城市的直接破坏,自然环境的改变也间接影响了镇江城市赖以发展的经济基础。明至清中叶,镇江城市经济的主要支柱产业是依托于大运河的漕粮转运及其衍生出的南北货贸易,所运货物包括南方的粮食作物、丝麻织品、棉织品、茶叶、桐油、笔墨纸张及北方的红枣、柿饼、胡桃、芝麻、麻油等特产。当时即使在非漕运季节,镇江港口也停泊着各类商船。但是由于镇江本地商品生产并不发达,其交易的商品大都来自外地。镇江的米粮业货源主要来自长江上游、两湖、安徽、苏北等广大地区,其输入的木材也是来自长江上游、两湖及其他地区。对外地货源的高度依赖,极大程度上影响了镇江市场的稳定性。因此,随着交通运输条件的改变、商品流通格局的变化,镇江商业不可避免地受到影响。

咸丰五年(1855 年),黄河于铜瓦厢(今河南兰考县西北)决口,洪水至山东张秋镇汇流,穿过运河夺大清河入海[1]。当时大清河沿岸和会通河沿河各州县均被波及,运河在张秋至安山间被黄河阻断,失去通航能力[2]。大量漕船被困于张秋以下的运河中,无法北上。清政府原拟立即兴工堵筑决口,于年内合龙。但由于正值太平天国运动席卷全国之际,无力进行此项工程,因而作罢。此后,整个运河废弛了十余年的时间。北方被黄河淤积的部分河道逐渐成为平陆,加之缺乏水源供给,运河从此南北隔绝,漕运亦因此被海运中转代替。

运河南北航运中断之后,不仅漕粮北运受到阻碍,以运河为主要通道的南北商品流通也陷入无以为继的境地,运河沿线城市的商贸活动大幅减少。正是在这种背景下,镇江失去了南北商品流通枢纽的地位,城市贸易额江河日下。昔日全国闻名的"银码头",似乎就要从此沦落。

---

[1]《清史稿》卷一零七《河渠志一—黄河》。
[2]《宣统山东通志》卷一二二《河防志第九黄河考中上》。

7.1.3 清末时期镇江的城市形态

经过鸦片战争和太平天国战争的破坏,镇江经明清两代形成的城市格局被打破。但是由于战争并未引入新的城市要素,总的来说仍然是在传统运河城市的基础上有所发展。从城区建筑的分布来看,虽然府城城墙的形状接近方形,但是建筑并没有均匀地填满整个城池,而是主要分布在城内关河沿线以及城外运河入江口周边。以南门大街、西门大街这两条与运河平行的道路为主要轴线,镇江城区呈现出从东南至西北明显的带状城市特征。

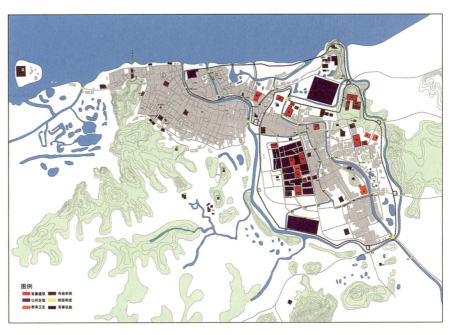

图7-2 清末镇江城市形态复原图
来源:自绘

镇江府的衙署建筑集中于北固山后峰,丹徒县的衙署位于府治以南,二者共同构成镇江的行政中心之一。近代初期,镇江城内还存在着特殊的"城中之城"——满城。镇江满城内除了设有将军署、都统署、右协领署、左协领署、通判署以及公廨门等管理机构外,还有忠烈祠、海公祠等祠庙建筑以及书院和文庙等文教建筑,形成了相对完整的独立结构。清代以满族士兵为主体的八旗兵及其家眷在满城中集中居住,满城的四周修筑有围墙和城壕,只有几处营门对外开放,实质上是驻扎在城内的兵营。这种在已有城墙的城池内部再修建封闭军事用地的做法,充分体现了清政府作为人数远远少于汉族的少数民族统治者对于其统治地位的担忧。但在实际效果上,满城不仅在城市形态上形成了城中之城的独立组团,也人为隔绝了满族与汉族之间的联系,这是造成清末期满汉民族矛盾激化的根源之一。

由于镇江是军事要地,清末在镇江除了设有满城之外,还在运河入江的大京口处设有水师标统署,以及水师军队驻扎的营地。

另外,为满足军队日常训练的需要,还在满城以南设有小教场,在城外北固山西侧设有大教场。城区外的这些军事用地,在太平天国军队占领镇江期间,都被太平军修筑的城墙包围起来,在原府城的北侧形成新城。这是唐代之后,镇江的城墙第二次推进到紧邻长江江岸的位置。这次城池的扩建,主要是为了加强对于长江江面的控制,以保障当时太平天国都城天京与镇江的水路联系。所以新城内主要用地是驻军军营以及他们平时的训练用地——大教场,但是原本已经在运河入江口附近形成的密集商铺和住宅依旧十分繁华。

7.2 开埠之后的城市扩张(1861—1908年)

1861—1908年这段时间是镇江开埠通商并设立租界的时期,其间沪宁铁路通车并在镇江设立车站和江北支线,港口码头的航运状况也因长江主泓迁移而受到影响。在这些因素的共同作用下,镇江的城市形态发生了显著的变化。

7.2.1 通商开埠带来城市繁荣

在1858年第二次鸦片战争中,中英签订《天津条约》,其中第十款规定"准将自汉口溯流至海各地,选择不逾三口,准为英船出进货物通商之区",后即选定汉口、九江、镇江三处开为商埠。但是当时太平天国运动正日趋激烈,镇江处于太平军不断的围攻中,直到1857年底清军才重新取得镇江的控制权。1861年5月10日,镇江正式开埠,成为长江下游第一个通商口岸和由海入江的第一个商埠。开埠后的镇江成了联系对外贸易与内河航运的重要中转港,在以长江和海运为主要载体的近代贸易体系中占据了重要地位。有研究认为:在近代早期,镇江的地位要高于上海,直到1912年津浦铁路通车后,才被上海和南京取代。

近代镇江商业以钱庄业、木材业、绸布业、江绸业和江广(南北杂货)业为"五大业"。其中江广业是镇江最大的综合行业,半个世纪内影响着镇江市面的兴衰荣枯。其中,光绪十二年至三十二年间(1886—1906年),糖货业批发行栈有20多家,批零兼营商店有20多家,代客买卖的牙行七八家,每年批发贸易额上千万两。镇江的米粮业在开埠后也得到发展。开埠后,江海大轮开通,青岛、烟台、宁波、潮州各地客商纷纷来镇设庄设号,收购米麦杂粮,逐步形成了规模较大的粮食市场。1866年,镇江米业公所成立,镇江形成了长江下游唯一的大米市。然而,好景不长,1877年李鸿章上书朝廷,请将镇江米市移师芜湖。1882年镇江米市正式迁至芜湖,从此镇江的米粮贸易一落千丈,失去了城市支柱产业的地位。

总的来说,开埠后镇江商业仍然以转口贸易为主,但是受到外国商品涌入的影响,传统商业逐渐向近代商业转型,对外贸易获得长足发展。当时,苏南的绸布,湖南、江西的木材、桐油,汕头、两广的糖类,苏北的土特产、大米,河南的芝麻,山东的豆类、花生等商品都汇集于此等待交易,从外国进口来的纺织品、食用糖、五金产品、煤油、木材也在这里等待着进入中国的腹地市场。"从1888年起,镇江的洋布进口量基本上稳定在100万~200万匹之间。""甲午战争以后,中国洋布市场,由英、美、日三国厂商垄断。"[1] 这一时期,洋铁打败了土铁(1868年),煤油取代了植物油、蜡烛(1884年)。煤油与火柴(洋火)、肥皂(洋皂)、矿烛(洋烛)及铁钉(洋钉),构成了"五洋",经营这些商品的行业被称为"五洋业"。随着"五洋"商品输入量的逐年增加,"五洋业"也成为镇江商业中重要的一支。

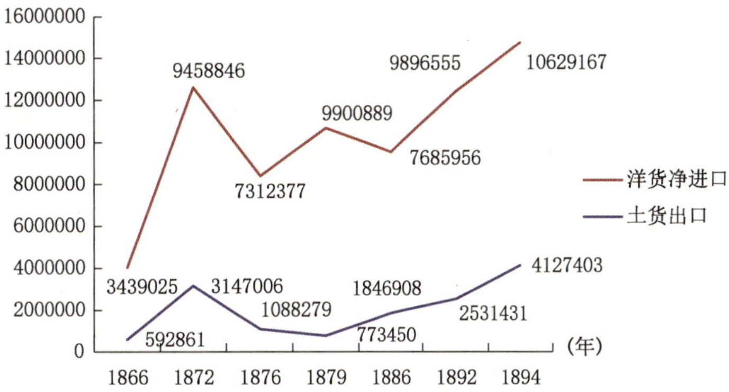

图7-3 镇江港土货出口及洋货净进口数额趋势图(单位:海关两)

数据来源:《镇江市志》(下册),上海社会科学院出版社1993年版,929页。

开埠之初,镇江是办理洋货内运业务的最大口岸,逐步取代和超过了我国其他通商口岸。1875年,我国总共签发了由口岸护运货物往内地的子口税单440 085张,其中经镇江一口签发的就有130 036张,货物价值达3 305 037海关两,"占汉口、九江、上海、宁波、福州之首位"。1880年,在通商口岸与中国内地之间,领有条约规定的子口税的内运及外运商品的总价值为14 826 046海关两,其中内运总价值为12 384 402海关两,而镇江一口的子口贸易总值就达3 120 038海关两,内运贸易额达2 922 652海关两,分别占全国通商口岸总额的21%和22.8%[2]。到1906年,镇江的贸易净值达到历史最高点——35 825 857海关两[3]。与汉口、九江、上海等长江沿岸较早开埠的口岸相比,镇江的贸易对象里,内地占有很大的比重,镇江的进口商品中有78.40%是运往内地的,这一比例大大高于其他口岸城市[4]。这表明在镇江的背后必然存在一个相当广阔的腹地,以消化由镇江转运来的进口物资并向其提供各种出口物资。

光绪二十五年(1899年),镇江海关的贸易报告中曾提道:"凡由镇江购运洋货往销之处,以江北及山东、河南、安徽等省,水路近便者居多。"如果把由镇江销往内地的洋货按其价值分为一百份的话,"江北得四十五成,河南得二十五成,山东得二十成,安徽得十成";而出口的土货则是"多半由江北而来",其中"江北得四十八成……河南得二十八成……安徽得二十成……山东仅得四成"[5]。据统计

---

[1] 茅家琦:《横看成岭侧成峰——长江下游城市近代化的轨迹》,江苏人民出版社1993年版。
[2] 姚贤镐:《中国近代对外贸易史资料(第二册)》,中华书局1962年版。
[3] 《中国旧海关史料》,京华出版社2001年版。
[4] 刘伟峰:《近代的镇江与其腹地(1864—1931)——以海关档案资料为中心》,硕士论文。
[5] 《光绪二十五年镇江口华洋贸易情形论略》,引自《中国旧海关史料》,京华出版社2001年出版。

数据说明，苏北地区无疑是镇江的主要核心经济腹地，包括扬州、淮安、徐州、海州（连云港）以及通州（南通）的大部分地区。海门和通州的东部部分地区由于邻近上海，属于上海的腹地范围。江苏省内江南地区的情况相对复杂一些，镇江本地自然无须讨论；江宁（南京）自1899年开埠，在此之前应视为镇江的腹地；而往常州方向的江南运河，因丹阳附近"水势甚浅，仅有半年可容船只出入"[1]，所以常州以下地区更习惯于同上海、苏州的商人打交道。此外，淮河流域内的河南东部的开封、归德、陈州、汝宁、光州和安徽北部的颍州、六安、凤阳、泗州等地以及山东西南部的济宁、兖州等地也是镇江腹地的主要组成部分。

表7-2 1899年镇江关出口土货来源地统计 （单位：海关两）

	江苏	安徽	山东	河南	合计
枣类	—	—	32 868	59 814	92 682
花生	573 636	—	9 430	—	583 066
金针菜	117 624	52 838	—	183 300	353 762
花生油	11 900	19 740	2 800	63 525	97 965
芝麻油	—	9 009	—	11 550	20 559

数据来源：刘伟峰《近代的镇江与其腹地（1864—1931）——以海关档案资料为中心》

综上所述，近代镇江的经济腹地实际上是沿京杭运河、沿长江以及与这两大水路系统相连的内河通过近海航线所联系起来的水运贸易网络。虽然长江航线大部分被外国航运势力垄断，但中国传统的各种木帆船仍然凭借其小巧灵活、成本低廉的优点，在内河航运中分得了一杯羹。但是近代镇江贸易的繁荣并没能长时间持续下去，开埠带来的区位优势很快被新的交通方式代替。其原因在于镇江并不拥有对这些经济腹地的贸易垄断权，当腹地内出现其他通商口岸或交通路线时，镇江的贸易地位就岌岌可危。在镇江之后开埠的南通（1876年开为埠）、芜湖（1877年开埠）、南京（1899年开埠），就使得原来依赖镇江关进、出口的安徽和苏北地区的货物有了更多的选择。但是在更为便利、更低成本的铁路兴起之前，镇江的贸易额一直在全国开埠城市中名列前茅。

7.2.2 租界建设引领城市发展

《天津条约》签订之后，咸丰十年（1860年）十月，江苏巡抚薛焕就镇江通商一事通知常镇道，并指示"镇江通商一层……外国商船应何处停泊，何处租于外国官商建屋居住，均应仿照上海章程办理"。也就是说，镇江将仿照上海的模式建立租界。咸丰十一年（1861年）正月，清政府刚刚从太平军手中夺回镇江不久，英国参赞巴夏礼、舰队司令和甫带领正副领事乘军舰来到镇江查看地势，与地方当局商议建立领事署与商栈的地段。英方要求在西门外的云台山上下建造公署和商栈，并在镇江城北甘露寺附近选一片平地作

[1]《光绪二十五年镇江口华洋贸易情形论略》，引自《中国旧海关史料》，京华出版社2001年出版。

为建造"副领事公署"之用。云台山附近在咸丰三年（1853）以前还是客商往来的码头，但当时经过太平天国运动的破坏，已经成为一片瓦砾，无人居住。因此镇江知府师容光同意了英方在这里租地的要求，但是拒绝了其对于甘露寺附近用地的要求。当月十四日（1861年2月23日）双方议立租地批约，租界的范围为："山下一段自小码头（地名）起往东一带横长一百四十丈，自江边直进（南北之间）一带深二十四丈，共计一百一十二亩……山上一段深长均照各旧庙舍原基地三十亩……共计地丁银十三两五钱一分三厘，米九石零六升三。"[1]这样英国人就以极低廉的代价，取得了山上山下共一百四十二亩土地的永租权。其后英国当局还感所占地盘不足，以所占之地不敷建造署栈为名，提出复议，要求扩大租地面积。经过最后议定，使租界的区域扩大为"西至小码头，东至镇屏山下（镇屏山不在其内），南至银山门衔（即现在的观音洞南面山上及迎江路、中华路一带地方），北至江边"（图7-4）。

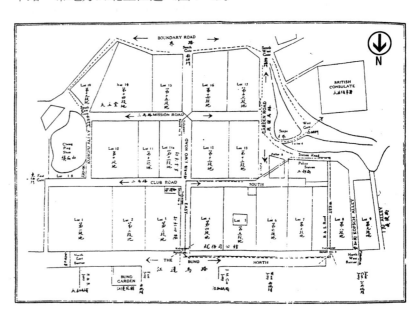

图 7-4　镇江租界图
来源：《镇江市志》

租界一经划定，英国人就在山下租界四周设置界石，在交通要口筑起栅栏四处：一在迎江路口，一在五十三坡下，一在东北临江处，一在镇江关。栅栏早晚关闭，不许本地人自由出入。此后直到1927年英国人被迫交还租界、撤出镇江，英租界在镇江的存在时间长达66年之久。

英租界所占的这片区域，紧邻镇江重要的渡口西津渡。历史上，这里沿江一带一直是长江南北客货往来的主要码头。云台山的北麓在这里与其伸展入江面的余脉玉山、蒜山互相呼应，形成天然的避风港湾。山石虽长期受江水冲刷，但由于质地坚硬，不仅没有塌陷之忧，而且不易淤积泥沙，岸线十分稳定。早期这里的码头区主要位于西侧玉山附近的大码头，客货渡运都从此过，东侧蒜山附近的小码头则专门用于江上救生。各有一条道路通向两个码头，分

[1]《续丹徒县志》卷八《租界始末》。

别是通往大码头的西津渡街和通向小码头的小码头街。考古发掘证实,码头岸边的西津渡古街从唐代起已经形成,之后各时期的历史地层依次叠加,但古街的位置一直保持不变[1]。清以后,随着长江主泓的改变,西津渡码头开始受到泥沙淤积的影响,码头区域发生了变化。大约于清代同治初年,大码头终于被淤塞废弃,江渡事宜只能暂迁到小码头施行。至清末,小码头成为西津渡的主要码头区域,但淤积仍在继续。以往直接通到码头上的小码头街,此时已经远离码头,曾经矗立于长江岸边的待渡亭也早已上岸[2]。在云台山山麓与长江之间,形成了一片新的陆地,即英租界所占的山下地块。

租界内的一切行政管理由英国殖民者自行组建的工部局负责,他们还设置了巡捕房为界内警察机构。在工部局的直接管理下,英国人在租界内不仅建设了大量住宅、洋行和管理机构,还开展了城市基础设施的更新,如修筑马路、架设电线、使用自来水系统等,使西津渡地区成了镇江最先迈入近代化的地区。镇江的第一条马路就是修筑于租界北面的江边大马路。当时中英双方互相约定在租界北面的长江岸边"沿江宽留公路一条,阔四丈,以便众人行走"。这条公路从蒜山起一直延伸到镇江关东面的运河口(大京口),长约 214 米[3]。接着,英国人在租界内筑了三条马路(一马路、二马路、三马路),这三条马路是镇江最早的沥青路面马路。英国人还积极在租界外修筑马路,将其作为扩张租界的手段。1875—1878 年间,他们强行在租界以外,银山(云台山)脚下以东一带修筑马路,其中向西南方向的称作南马路,即今伯先路的前身。沿着这些城市马路的两侧,西方各大洋行及轮船公司纷纷在此设立分支机构,镇江城市的近代化也随着这些马路不断向租界以外扩散。

首先进驻租界的是英商宝顺洋行,其后法美等国商行相继出现在租界之内。从此,租界对镇江的影响力与日俱增。据《续丹徒县志》记载:"先后在镇江插足的各外国洋行共达十八家,洋人一百六十七人。"最多时,外国资本在镇江所设洋行达 30 多家。

[1] 刘建国:《西津渡历史文化的探索与开发》,《镇江高专学报》2002 年第 1 期。
[2] 刘建国:《西津渡救生、义渡码头的考古与保护》,《镇江高专学报》2009 年第 3 期。
[3] 《镇江市志》第二章第一节。

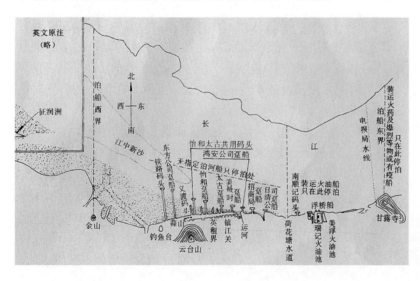

图 7-5 清末镇江轮船码头分布图
来源:《镇江交通史》

旗昌轮船公司是进驻镇江港的第一家外国轮船公司,同治二年(1863年),旗昌公司就在镇江设立了简易的栈房码头。因经济实力雄厚,自1862—1871年,旗昌公司经营的长江航线发展迅速,在与同行的竞争中取得了胜利,1871年旗昌账面盈利银高达94万两。继旗昌公司之后,英商太古轮船公司和怡和轮船公司分别于1874年和1880年进入镇江。这两家公司的办公地点和码头都位于租界内,经营的业务也大致相同,主要都是通过镇江商埠倾销外国商品并将来自苏北的米、麦、杂粮以及土特产品运往别口和国外。日资经营的日清公司则是日本为了与太古、怡和、招商局等航运企业竞争,将原先经营长江的大阪商船会社、日清汽船会社、湖南汽船会社、大东汽船会社四家合并而来,在镇江港中转的货物主要有桐油、纸张、烟叶、糖、布、棉纱、杂货等。

随着外资轮船公司在镇江港不断增多,专门从事煤油运输和经营的外资油轮公司也接踵而来。1906年,美孚洋行在英租界的二马路设立分支机构,并在沿江一带租占地皮,砌造洋楼,设立煤油站。接着,英商亚细亚火油公司和德士古火油公司也竞相在镇江设立分支机构,并在江边的荷花塘建立油栈,设有可容万吨的油池6座。当时沿江一带自沪宁铁路支线的江边车站码头起直至甘露港均为码头区。码头区内靠泊吨位较大的是招商局和旗昌公司的码头,最大靠泊能力约为5 000吨级,其次是怡和公司和太古公司的码头。这些大中型码头和小轮码头在沿江一带排列,呈现出一派近代港口的景象。为适应各码头货物的装卸和周转,基本上每个设有码头的轮船公司都建造了栈房、仓库。以招商局镇江分局为例,仅在同治十三年(1874年)就建成了栈房、货仓11幢。

表7-3 近代镇江外资公司详表

所属国家	公司名称	经营业务	开设时间(年)
英国	宝顺洋行	鸦片、航运	1861
	太古洋行	保险、航运	1874
	怡和洋行	鸦片、五金、保险、毛棉、杂物、军火	1880
	亚细亚火油公司	煤油	1908
	德士古火油公司	煤油	1906
	麦边洋行	航运、绒线	—
	祥泰木行	洋松木材	—
	华昌洋行	航运	1900
	丰和轮船公司	内河小轮	—
	顺昌轮船公司	内河小轮	—
	安利洋行	化妆品、军火	—
	和记洋行	制蛋	—
	卜纳门洋碱颜料公司	化学品	—
	牡雅公司	化妆品	—
	永泰和烟草公司	烟草	—

续表

所属国家	公司名称	经营业务	开设时间（年）
美国	旗昌洋行	鸦片、航运	1863
	琼记洋行	—	—
	沙逊洋行	鸦片、棉纱、匹头	—
	义昌洋行	—	—
	丰和洋行	—	—
	太昌生洋行	—	—
	大来木行	花旗松木材	—
	英美烟草公司	—	—
	大美烟草公司	—	—
	美孚火油公司		1906
日本	锦隆洋行	绒线、内河航运	—
	日清公司	航运	1907
	三井洋行	—	—
	河上洋行	—	—
	戴生昌轮船公司	—	—
	大阪局	航运	
	大东汽船会社	航运	
德国	美最时洋行	火油、电力、制蛋	1900
	太和洋行	航运	
	安德洋行	—	—
	禅臣洋行	—	—
	瑞记洋行	火油	1900
	和时小火轮公司	内河航运	—
法国	亨德利洋行	—	—
	东方轮船公司	航运	1902
	永兴轮局	航运	

来源：《镇江市志》

7.2.3 租界前期的城市形态

租界建立之后，租界内部由工部局主导，进行了道路和各式机构、洋行的修建，彻底改变了租界的面貌。各洋行所建设的码头区也以租界为依托，在西津渡沿江一线大量出现。租界和码头区是完全脱离老城影响而独立发展起来的，与老城共同形成了双中心并存的局面。这在中国近代的开埠城市中是普遍现象，其原因在于清政府和地方官员对于对外通商仍然持防范的态度，选择商埠地或租界的位置时自然希望离老城越远越好。镇江租界发展起来之后，吸引了大量服务业人群聚集在租界周边地区。

第七章　起起落落镇江城

图7-6 租界初期镇江西津渡与银山坊地图
来源：自绘

其中镇江英国领事馆位于城西云台山东北麓，始建于清同治三年(1864年)，是以红砖间夹青砖叠砌的砖木石结构，由6幢楼房组合而成，属19世纪后半叶券廊式建筑，称"东印度式"。除了配备主体建筑办公大楼和生活用楼之外，还包括工部局巡捕房、正副领事官邸、职工宿舍、餐厅娱乐楼等。税务司公馆位于江边大马路南侧。该馆为砖木结构的二层楼房，占地面积312平方米，在楼下中部南北各有一相对称的券拱大门，二层之中砌出腰檐。楼内上下合计18间，内有廊，皆券拱形窗，门内边沿为水磨石子地面，余皆为地板。

镇江美孚火油公司位于租界内二马路东侧。建于清光绪年间，整座建筑呈"L"形，占地面积约为328平方米。迎街立面朝西、朝北皆为红砖叠砌墙，三层楼，设直高形窗，每层隔间立面均有突出的混凝土质地的通天柱凸出墙面，三层两间的隔间立面上，各有三个上端雕有卷花纹饰的圆形倚柱，楼背墙面为青砖间夹红砖砌成。自楼正面中部进门为明间，与后门相对为走廊，中有券门。明间右侧设梯可以登楼，正楼室内朝东及北端连接楼朝南均为走廊，朝西朝北皆为房间，室内系企口木地板和石灰抹面平顶天花，楼整体每层8间，合计24间。楼顶为四周围有瓶式栏杆的阳台平面。总体建筑坚固、庄重。

镇江亚细亚火油公司位于江边大马路南侧。始建于清宣统二年(1910年)，建筑为砖木结构二层西式楼房，占地面积约为400平方米。正面北向迎江呈凸形，朝北下层正中为大门，上有门檐，檐下设置有一对火炬形灯作装饰，两边墙面伸出雕花支架衬托。楼房迎

99

江两层上下各有相对称的5个铁框架的玻璃窗。在楼身腰部墙面塑有6个立体空十字,四面有圆饼状图案。

由于这些建筑是租界内的英国人建造和使用的,建筑立面上体现了许多的西方样式,很快影响到租界周边地段的建筑式样。位于宝盖路127号上的真道堂是由基督教牧师王泰真等人兴建的,该教堂的建筑形制与一般基督教堂不同,采用了中国古典建筑形式的"歇山式"大屋顶,四面出檐,墙体青砖叠砌,门窗却皆为西方教堂流行的尖拱形制,完全是中西混合体。还有位于京畿路上的原慈善机构中国红十字会江苏分会的遗址,西边是西式建筑,而东面是典型的传统建筑,院内还建有中国传统的凉亭。

7.3 民国初期的城市衰落(1908—1928年)

7.3.1 铁路通车影响商贸区位

铁路运输是近代影响最大的交通方式。1825年,第一条铁路诞生于英国,并极大地促进了英国的工业革命。不久,关于铁路的知识就传入中国,但是极端守旧的清政府始终拒绝接受这一新事物。到洋务派掌权之后,才开始有政府官员主张兴修铁路。1874年,李鸿章在奏折中明确提出修筑铁路的主张,但直到1889年清政府最高统治者才最终决定兴办铁路,并制定了官办铁路、借债筑路的政策。由此,出现了中国近代第一个铁路建设高潮,卢汉铁路、粤汉铁路、关东铁路、沪宁铁路、津浦铁路相继借债兴筑。同时,西方列强为了将势力深入中国腹地,强行与清政府签订条约,修筑了东省铁路(中东铁路)、胶济铁路、滇越铁路,但是这几条铁路的路权都属于西方列强,直到民国政府成立以后才陆续收回。

其中,1898年胶州(今青岛)开埠之后,德国利用特权修筑了胶济铁路,这使得山东内陆得以与其海岸线联系起来。1904年胶济铁路建成通车后,山东自开了3处商埠———济南、潍县和周村,使得原先从镇江关进出口的山东贸易圈有了直接从事海岸贸易的途径。1906年北起卢沟桥,南至汉口的卢汉铁路建成后,穿越了河南南部,于是这一部分地区也脱离了镇江贸易圈而依靠汉口进行贸易。根据镇江海关的贸易资料,镇江的贸易额恰恰在1906年达到了顶点,之后逐年下降,再也没能恢复到铁路出现之前的规模。

对镇江产生直接影响的主要是沪宁铁路和津浦铁路。沪宁铁路由英国投资建设,1905年开始修筑,1908年竣工通车。在镇江地区内的车站自东向西设有吕城站、陵口站、丹阳站、新丰站、镇江旗站(即镇江南站)、镇江站、高资站、桥头站、下蜀站、龙潭站[1]。其中,镇江站位于西门外京畿路西,被列为沪宁铁路上的大站。在沪宁铁

[1] 《续丹徒县志》卷七。

路建设的同时，还从镇江站向北铺轨，建设了一条直达镇江江边港区的"江边支线"，设镇江江边站，于1908年与主线同时投入使用。这条江边支线沿云台山西侧直抵沿江码头区，紧邻诸洋行码头，是一条用于港口航运与铁路衔接的专用线。这一设计与布局，使镇江港区成为长江下游唯一可以铁—水直接换装的港口。

沪宁铁路的建成，给镇江带来了新的陆路运输方式。当时镇江正处于转口贸易的鼎盛期，是重要的对外通商口岸和江海河物资的集散地，因此沪宁铁路通车后业务比较繁忙。通车的第一年（1908年）货运量就达62 908担，客运量达405 704人次；第二年货运量猛增到205 534担，为前一年的3倍多，客运量也增至638 893人次。可以说，沪宁铁路通车初期对镇江贸易的消极影响并不大，甚至在一定程度上有所促进。

但之后建成的津浦铁路则与大运河基本平行，极大削弱了镇江对其原有经济腹地的影响力。实际上，最早提出建设这条铁路的美国人计划修建一条由天津至镇江的铁路，并于1897年向清政府呈递《津镇铁路条陈》，提出由美国商人投资承建津镇铁路。之后，虽然英德联手排挤了美国，但1899年他们与清政府签订的仍然是《津镇铁路借款合同》。铁路的北段由天津至山东，南段则计划经淮安、宝应、高邮、扬州至瓜洲以火车渡船过江，最终到达镇江。但是当时义和团运动正在山东兴起，威胁到京津地区，筑路计划只好暂时搁置。1905年前后，筑路计划重新提上日程，但当时全国正在开展大规模的收回路权运动，山东、直隶、江苏三省要求废除津镇铁路草约，改由绅商合办，但遭到英德方面的反对，双方僵持不下。1906年清政府采取了妥协的办法：将津镇铁路改名津浦铁路，此路由官方借款，属官办，不过在官方还借款之时，允准将铁路股票的一半拨予三省绅商摊买，改为"官商合办之路"。这样，津镇改为津浦后，南段线路发生了改变，清政府决定南段"必须取道皖境"，经徐州，入安徽境内，而至浦口。

对于清政府弃"津镇线"，改修"津浦线"的原因，前辈历史研究者大多认为一是扬州的绅商过于保守，担心修建铁路影响自身住宅、坟地和园田的利益，二是镇江的士绅担心津镇线建成，扬州的瓜洲必然非常繁盛，将可能取代镇江的作用，因而反对建设津镇线。这两种推测都是从主观方面做的解释，但是考虑到当时其他城市的客观情况，特别是沪宁线的开工，实际大大影响了津镇线原有的规划。史料记载，就在津镇线草案被搁置悬而未决的1903年7月，英国与清政府就签订了沪宁铁路借款合同，拟建从上海到南京浦口的沪宁线。1905年沪宁线开工建设，南京的商人预见到铁路建成后的商机，纷纷抢购浦口附近的土地进行投资。在这种情况下，假如津镇线按原计划线路建成，镇江就会成为连接北京和上海的交通大动脉上的重要节点城市，而南京则沦为铁路末梢城市，投资浦口土地的商人将无法得利。于是，南京的商人们由南京商会提出，并经过多方活动,终于使津镇铁路改道浦口,更名为津浦铁路。

津镇铁路改为津浦铁路后,南段路线变为经徐州入安徽境内而至浦口。1907年津浦铁路从南北两端同时开始建设,到1912年建成通车后,山东南部、河南南部、安徽部分地区的货物都"舍舟就陆,改装火车经徐州、蚌埠、南京转向上海集中,传统的物资集散方式发生了变化"[1]。

实际上,自沪宁铁路和津浦铁路通车起,镇江的商业贸易就开始走下坡路,出产及销售都受到影响。1906—1911年的五年中,镇江口岸贸易量急剧减少。1906年镇江口岸的对外进出口(包括与其他通商口岸贸易量)总值为35 948 965两关平银,但至1910年已减少为26 640 429两关平银。1906年镇江关征税总值为1 281 989两关平银,至1910年减少为992 635两关平银。最有代表性的是对进口洋货内运征收的内地子口税的变化,如下图表所示,通车后的1912年,镇江海关征收的内地子口税只有1907年征收总额的一半不到,而且数额还在逐年下跌。

[1] 单树模:《镇江的兴起和发展》,《南京师范大学学报(社会科学版)》1981年第1期。

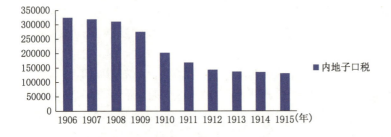

图7-7 1906—1915年镇江海关内地子口税变化趋势图(单位:关平银)
来源:自绘

7.3.2 港口淤积恶化航运条件

在卢汉铁路和津浦铁路从原本属于镇江的经济腹地带走大量货物的同时,镇江本身的港口航运条件也开始恶化。实际上,早在康熙时期,长江主泓已经北移,镇江一侧的江岸开始不断出现泥沙淤积,江心逐渐出现众多沙洲。近代以来,这种泥沙淤积不断加剧,并先后相连在江心形成了巨大的沙洲——征润洲。镇江开埠初期,征润洲暗沙尚微不足道,然而数十年间,其扩张之势十分迅猛。同时,原本矗立于江中的金山,在西南两个方向先后开始出现淤沙。到光绪末年,金山四面涨沙已达2 362亩,征润洲与金山西南面淤涨的滩地已经与南侧的江岸相连。

图7-8 镇扬河段河床平面变形过程
来源:《长江中下游河道特性及其演变》

一些停泊在租界附近江边的趸船大受影响,以致无法停靠江海轮船,不得不往东迁移。自光绪二十一年(1895 年)至二十七年(1901 年),设在租界内的 3 艘趸船都分别做了移动,将栈桥向江中延伸。如麦边轮船公司趸船乔治特号本来离岸 66.67 米,后往下游东移 16.67 米并伸出江面,离岸边 113.33 米。光绪二十八年(1902 年)以后,沙洲淤涨仍在继续,平政桥以西的一些轮船公司都在港区下游另觅地址,作迁徙码头的准备。光绪三十一年(1905 年),征润洲洲头出现沙嘴,江流逐渐反趋北岸,在南岸金山附近形成回旋加速淤势,其洲尾水下部分已开始阻塞港口内的航道,南岸沿江一带的一些轮船码头也大受影响。江边的太古、怡和等码头,在江潮退落时,江轮已不能泊近。

1912 年征润洲的洲头还在蒜山以西,仅其洲尾的水下部分开始对英租界内的码头产生影响。到 1921 年,"此沙滩已近至英租界江面之全部,不仅堵塞了码头,使船交通不便,商务也受其影响"[1]。1921 年洲头已越过蒜山向东延伸近 3 里,形成了庞大的沙滩。1929 年洲尾已伸到了镇江海关(现江边人民银行大楼所在地)。1930 年,船只不能直接停靠码头达五月之久。1931 年后,征润洲继续向下延伸,到 1936 年洲头已伸至现在 3 号码头位置的正北。沙洲南北宽度在 3 公里左右,已经与征人洲、定业洲、还清洲等合并,并连接了金山新滩的沙洲。西津渡码头区的入江航道被沙洲堵塞,大量商船被迫向东寻找停泊地。到抗日战争前夕,"除木材市场和民船码头仍在京口以西的旧址外,长江航运码头已迁移至小京口上的平政桥以东"[2]。从金山上向西所拍摄的照片(图 7-9)中可以看出,当时金山已经与陆地连为一体,玉山附近的码头也已经逐渐成陆,大部分船只停泊在租界以东的港区。

[1] 《上海海关资料(1912—1921)》(英文版),《航务、港务、水之趋势》。
[2] 单树模:《镇江的兴起和发展》,《南京师范大学学报(社会科学版)》1981 年第 1 期。

图 7-9 20 世纪初镇江港全景
来源:《千里江城——20 世纪初长江流域景观》

民国初期，长江泥沙的淤积不仅影响到沿江的码头区，也使镇江大运河航道的通航能力不断下降。漕运中止后，由于河、漕等管理机构撤销，镇江运河的维护和整治逐渐趋于疏松。这就导致运河入江口的泥沙淤积迅速增长，堤岸日渐衰败，河身也日加淤塞。清末民初，以小京口为入江口门的江南运河主航道还可以勉强通航，但是大京口河道则逐渐断航。当时镇江与其经济腹地主要还是依靠运河进行联系。各地土产经运河输送至镇江，由洋行收购出口；进口的洋货亦通过运河贩售到苏北及安徽北部、河南东部以及山东南部等地。但是民国时期的运河在每年水涸时，有数处甚至不能通航；水涨时，轮船亦须暂停行驶，以水退至距堤岸六尺为度，始准开行。运河交通如此艰难阻滞，而新出现的铁路则顺畅高效得多，因此苏北及安徽北段、河南、山东等处货物必然抛弃镇江，转而通过铁路输送到其他开埠港口。

7.3.3 近代工业艰难起步

近代镇江开埠之后，依靠优越的水运条件，成为长江下游的一个商贸中心，金融、商业发达，但是近代城市变革中最重要的近代工业则一直未能发展起来。"光绪宣统间虽屡经提倡，顾事当始创，甫又有萌芽，尚未发展。"直到辛亥革命之后，才逐渐得到开拓。民国初期，国内政治大一统，袁世凯的北洋政府鼓励发展经济、振兴实业，制定并推行了各种经济政策。孙中山的《建国大纲·实业计划》也都把镇江列为重点发展的内河商埠。在此大背景之下，镇江的近代工业得到较快发展，尤其是与民生联系较紧密的轻工业产品，如棉纺织业、面粉业、糖醋业得到快速发展，重工制造业、钢铁、采矿、水泥也得到较快发展。但是进入20世纪20年代，由于国家财政困难，税务加重，企业资金短缺，镇江近代工业由相对高速发展阶段进入缓进和停滞时期。

据《续丹徒县志》（1930年刊印）和《镇江市志》（1990年）记载，镇江辛亥革命前只有大纶缫丝厂、茂达树艺公司、大照电灯公司、镇泰榨油厂、镇江造纸厂、义生火柴厂等数家工厂。辛亥革命之后镇江规模较大的工厂增加到17家，还有60余家从事毛巾、布匹、铁器等消费品的小厂，详见表7-4。

这些企业中，规模较大的只有大照电灯公司、贻成面粉厂、荧昌火柴厂、慈幼工艺厂、无敌牌镇江工厂等几家，其余都是小企业。在19世纪名震一时的江绸业，到民初已严重衰败。自1920年日本在朝鲜提高对中国丝织品的进口税率，加之工艺固守成法，江绸的价格和质量无法与大量输入的外国丝绸品竞争，到1925年对朝鲜销售中断，国内销售也日渐萎缩，造成织绸、缫丝厂和机户的大量停业。从整体来看"镇江之工业仍极为幼稚，机制工业方面仅有碾米、翻砂、面粉、缫丝、火柴五种……盈利能力有限"，相对于每年巨额的贸易值，工业成分在镇江经济中的影响力可以说相当有限。

表 7-4 民初镇江实业工厂列表

实业名称	位置	业务	创建时间	
大纶缫丝厂	小码头	生茧、丝绸	1895	辛亥革命之前
合兴面粉厂	—		1903	
开成笔铅罐厂	—	—	1904	
茂达树艺公司	崇德乡横山凹	园艺	1904	
大照电灯公司	荷花塘	发电	1906	
镇泰榨油厂	—	—	1906	
镇江造纸厂			1909	
义生火柴厂			1910	
宝昌电器厂	—	—	1913	辛亥革命之后
大源油厂	西门外荷花塘	榨油	1914	
贻成面粉厂			1914	
震兴鱼竹公司	大港镇王家村	—	1916	
成德公司	高资镇	开采铜矿	1916	
树艺公司	高资镇双顶山	园艺	1917	
慈幼工艺厂	新西门旧旗营官署	织布	1918	
华兴工艺厂	西城外粮米仓	织布	1918	
石矿公司	高资镇横山	开采白石	1919	
荧昌火柴厂	新河北岸		1921	
纽扣厂	—	—	1921	
无敌牌镇江工厂	—	蚊香、蛤油	1925	

来源:《镇江市志》

总的来说,民国初期镇江的衰落是源于其贸易商品结构之单一、重复,即主要进口产品的类别改变较少,纺织品始终处于进口货物的大宗,出口产品始终以同类初级农业产品为主,且与周边埠口,如芜湖、南京商品种类雷同较多。同时,也源于其自身出产贸易产品之少,镇江本地出产并不构成出口商品的主体。另外,在镇江与周边埠口的贸易中,辐射效应远弱于回流效应,有限的资本并没有回到镇江进行资本再生产,而是脱离镇江投入生产条件更为优越的上海。在近代全球贸易之始,镇江丧失了贸易与经济发展良性互动的契机,这才是镇江在开埠之后没能保持兴盛反而逐渐陷入衰落的根本原因。

表 7-5 民国十八年镇江关进出港货物表

进港洋货	数量	进港国货	数量	出港国货	数量
匹头	273 713 匹	桐油	91 951 担	皮蛋	5 140 个
五金	199 230 担	匹头	67 090 匹	火腿	2 952 担

续表

进港洋货	数量	进港国货	数量	出港国货	数量
糖	334 665 担	棉纱	17 997 担	豆	137 052 担
煤油	15 398 269 加仑	煤	34 965 吨	小麦	16 047 担
煤	107 242 吨	木杆	883 653 根	面粉	62 458 担
—	—	—	—	金针菜	5 819 担
—	—	—	—	麻油	2 581 担
—	—	—	—	麻	6 186 担
—	—	—	—	芝麻	26 478 担
—	—	—	—	土酒	2 445 担

来源：根据《江苏省会建设》数据整理

7.3.4 租界后期镇江的城市形态

1908—1928年期间，镇江经历了从清末到民国的政治体制转变，也经历了铁路通车之后交通方式的转型，原本作为城市支柱的航运业受到自然环境变迁的影响也变动颇大。但是，这一时期镇江的城市经济中心仍然在租界，因此城市形态延续了上一时期以租界为核心的发展模式，在老城的西部继续扩张。

图7-10 民国初期镇江城市格局图
来源：自绘

随着租界区内洋行和批发行栈的增多，为了方便与租界内的洋行打交道，紧邻租界的小码头街和南马路（今伯先路）就成为大户人家和中小商贾的理想聚居之地，这里陆续建起了多个商业街坊和民居建筑群。1912年，曾在镇江英国领事馆、镇江海关任职的清末洋行买办徐宽宏筹巨资在小码头街西侧建造了"长安里"。之后在小码头街西侧又相继建成了"吉瑞里"(建于1914年)和"德安里",都是传统的四合院式住宅。伯先路上则先后建成了广肇公所、红卍字会、江南饭店、蒋怀仁医生诊所等重要建筑,民国时期的镇江商会也选址于伯先路上,可见当时伯先路已经是镇江的重要商业中心了。

西门大街(即今大西路)原为市区连接西乡和长江渡口的通衢要道。自清代在今迎江路以西设立英租界和沪宁铁路通车以后,西门大街宝塔路至银山门段及附近街道逐步发展成繁华的商业区。这里有绸布、百货、五金、中西药店和酒楼菜馆等多家名、老商店及批发行、庄。木行、鸡鸭行、运输行大多开设在平政桥至小码头江边一线。蛋行、鱼行和地货行、油麻店集中在小闸口、中华路一带。专营批发的煤栈集结在大埂街、姚一湾和镇屏街。近代时期,城里居民集中在南门大街、五条街、大市口、四牌楼、红旗口等地,城外则以大西路一带为居民聚居区,尤以大闸口、小闸口、薛家巷、小街等为多。

可以说,西津渡就是近代镇江的增长极。在这个增长极的牵引下,镇江的城市空间呈现出进一步向西发展的态势,连接老城与西津渡的大西路也随之兴盛,道路两侧也形成了一条繁华的商业街。沪宁铁路通车后,镇江车站和江边支线的设置更加剧了城市向西发展的趋势,新修的道路多以火车站为起点,且大多位于城外靠近火车站或租界的区域。具体见表7-6。

表7-6 民国初期镇江新建道路

序号	道路名称	起讫地点	长度(米)	路幅宽度(米)	路面结构	始建年代
1	伯先路	宝盖路—大西路	351	7.2~11.2	沥青、水泥	清末
2	永安路	解放路—正东路	634	3.8~9.5	沥青	清末
3	苏北路	新河路—解放路	2 657	9.1~22.5	沥青、水泥	清末
4	宝盖路	京畿路—新马路	1 132	8.6~12.1	沥青	1913
5	新马路	宝盖路—双井路	471	8.5~17	沥青	1913
6	双井路	中山路—大西路	596	8.7~17.2	沥青	1913
7	车站路	京畿路—金山路	610	8.9~16.2	沥青	1913
8	京畿路	伯先路—车站路	514	9.7~11.4	沥青	1913
9	车站支路	京畿路—牌湾	151	12	沥青	1913
10	健康路	中山路—解放路	999	6.9~17	沥青	民国初年

来源:《镇江市志》第二章《市政建设》

7.4 省会时期的城市更新(1929—1937年)

7.4.1 省会迁镇的历史背景

自清康熙时期江苏省正式建省之后,南京一直是江苏省的省会。南京国民政府成立以后,南京成为全国的首都,因此必须重新确定一个城市作为江苏省的省会。1928年7月17日,中华民国江苏省政府委员会举行第九十次会议,讨论事项的第一项,就是"省会问题"。当时出席会议的委员有九人:叶楚伧、钱大钧、陈和铣、张乃燕、何玉书、缪斌、茅祖权、陈世璋、刘云昭。在叶楚伧委员"报告中央对本省省会问题意见后,各委员即充分讨论,均认为有从速决定的必要,并对省内堪作省会之各地区,详细比较,量其得失。旋即投票"[1]。当时省会的候选城市有苏州、扬州和镇江,九票之中镇江独得六票,扬州二票,苏州一票,因此"定镇江为省会",并呈报国民政府备案。7月27日,国民政府指令通过了这一备案。

分析镇江当选的原因,一方面与其优越的地理位置有关,镇江在江苏省内相对居中,便于同时控制江北和江南地区,且邻近首都南京,是南京的天然门户,战略地位十分重要;另一方面,镇江兼具沪宁铁路与长江水运的交通优势,与苏北还有淮扬运河可以通水运,在开埠之后成为国内外各路客商云集的繁华城市。更为重要的是,国民政府的领袖孙中山先生特别重视镇江的战略地位,在1912—1918年间,曾先后三次到镇江进行实地考察。在其所著《建国方略·实业计划》"整治扬子江"和"建设内河商埠"两部分中,都提出了对镇江城市发展定位的具体设想,希望将其建成新的商业中心城市。这也是镇江胜出的重要原因。

1929年2月,民国江苏省政府正式迁至镇江。之后直至1949年,除了抗日战争期间镇江沦陷(1937—1945年),省会被迫迁移,镇江作为江苏省的省会前后达十一年之久。其中1929—1937年的八年,是镇江作为省会进行城市建设的主要阶段。在整个近代百年的镇江历史中,租界对镇江的影响时间最长,但是对镇江近代城市形态影响最大的是省会建设时期。

1929年春省政府迁至镇江的初期,镇江县城基本还是清末老街坊的状况,显然难以负载起全省政治中心的任务。省政府各机关被迫临时安置在原有的衙署建筑中。江苏省政府和民政厅均设在镇江县第一区的原将军署内(今市公安局所在地),省财政厅迁入省政府东南原清代都统署的海龄副都统衙门(今军分区优士园所在地),省教育厅则为北门内的原镇江府学学宫(今中山东路东段359医院所在地),建设厅和农矿厅则安排在八叉巷西段原镇江第九师范及附属小学内(今为省军区后勤部中山东路和八叉巷的宿舍)。省党部及省政府初迁镇江之始,临时设在太平桥(今丹徒县政府东侧)和江边,1930年前后,分别迁入中山路(今市解放路的中级人民法院)和中山路(今京口饭店)的新址办公。

因此,省政府迁镇之后,在第一次省政府委员会上,就推举王柏龄(建设厅厅长)、缪斌(民政厅厅长)等4名省政府委员负责起草省会建设计划。随后,成立了省会建设委员会专门负责相关事宜,直属江苏省政府。由当时的省政府主席钮永建(字惕生)及其他6位省

[1] 《民国江苏省会镇江》,引自南京图书馆特藏部《江苏内刊》第16期。

政府委员为建设委员,钮永建任主席并拟具《设计镇江新省会之建议》作为城市规划的总纲领。省会建设委员会聘请冷御秋、陆小波、茅以升、柳诒徵等12位当地士绅及工程师担任参事,负责审议省会建设的相关议题。另外,该委员会设置专门委员3~5人,由学术专家及有工程经验的人担任,负责工程计划的审查与验收等事项。

同年9月,省会建设委员会拟定出省会建设计划的纲要,包括省会干路设计、拆城计划、江岸保护、全省运动场、保存古迹、轮船机场地址等。然而建设委员会的组织结构冗杂,委员与参事大多为兼任,不利于开展具体工作。因此,1930年省政府改组时,由新任省委主席叶楚伧提议,省会建设委员会改组为省会建设工程处(以下简称工程处),直属建设厅。工程处设专职技正3人,负责处理各项工程规划的审定与稽核,具体的工程项目设计由工程课的设计股直接进行。当时的技正3人为金选青、蔡世琛和王燕泉,工程课的课长为仲志英,设计股的主任由蔡世琛兼任。其中仲志英为1915年上海南洋公学(交通大学)毕业生,曾在安源煤矿任工程师,具有丰富的工程经验,后担任工程处技正并兼任镇江县建设局局长至1935年,是镇江市政建设的直接负责人之一。从镇江建设机构的人员组成上来看,既有当地士绅,也有学习土木工程出身的技术人员,但是没有专业的建筑师,这也间接反映出当时我国建筑设计专门人才的缺乏。

省会建设工程处成立后,迅速制定了一系列有关城市建设的计划文件,1931年颁布了《江苏省会分区计划》《道路干线计划》《商港计划》《试行建设实施区域计划》《模范住宅平民住宅计划》《新沟渠计划》《整理镇江市内河道计划》《公共建筑规划》《江苏省会园林计划》等,同时还拟定了《建筑镇江象山新港计划书》。这些计划的内容大多记载在1931年由省会建设工程处出版的《省会建设》一书中。1936年当地人贾子彝所编写的《江苏省会辑要》一书中也多有提及,本文的研究主要基于这两份文献的记载。虽然后来因抗日战争时期镇江沦陷,省会建设计划多半未能实现,但还是完成了一些重要建筑和道路、沟渠等现代市政设施的建设。现代镇江城市面貌的雏形,就是那一时期形成的。

7.4.2 省会时期的城市规划

1) 省会分区计划

《江苏省会分区计划》(以下简称《分区计划》)是省会建设委员会成立不久即制定的关于镇江市区功能分区的纲领性文件。委员会对于制定这一计划的缘由有如下解释:"惟是一切建筑,纽于旧城市之习俗,实与近代物质人事,相隔太远,对于进化之理,未免背驰。若不依新市政之学,加以分区制规定,则难臻繁荣之都市,将受天演之淘汰,此省会分区计划之本旨也。"[1] 由这段解释中可以看出,这次《分区计划》的规划者深受当时在中国颇为流行的进化论思想的影

---

1 《江苏省会建设·江苏省会分区计划缘由》。

响,且很有可能受过现代市政科学的教育。在《分区计划》的具体内容中,恰恰可以证明这一点。

当时镇江作为省会的境域范围,西以金山河界第二区的高资镇,东隔京岘山界第四区的丹徒镇,南界第三区的黄山及观音山,西南一角界第二区的烟墩山,北滨长江,用地共110平方公里。分区计划将用地分为行政区一处、工厂区一处、码头区一处、商业区两处、住宅区四处、模范住宅区一处、平民住宅区三处、学校区一处、园林区三处以及旧市区两处,逐步进行建设。(见图7-11)

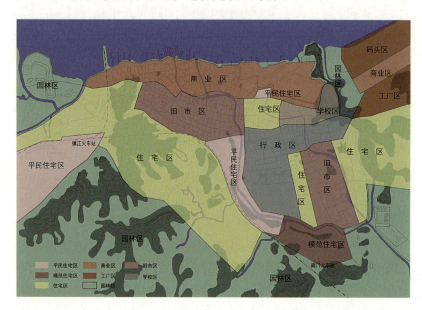

图7-11 省会分区计划图
来源:根据《江苏省会建设》拟建路线及分区图绘制

《分区计划》中的行政区范围"自北门城内起,沿中山路第三段以西,经弥陀寺巷至中正路以西"。这一区域是老城的中心地区,将行政区安置于此,是考虑到"行政为各种事业之中枢,故划分区域,当以行政区为各区之中心区"。因此,行政、司法、财政等各机关,以及党部、纪念堂、博物院、图书馆及其他公共建筑物,之后都集中于此区域建设。这些省会机关的办公建筑与纪念性公共建筑为市中心带来大量人流,使城市中心区域重新变得兴盛起来。

《分区计划》中的工厂区位于花山湾地区。在选定工厂区的位置时,分区计划的制定者提出四条原则:"一、保存其固有之工厂。二、应接近河流或铁道以便利出厂货物之运输。三、应在最频数风向之下方,以免煤烟之吹入市廛。四、应与住宅区隔离。"花山湾地区紧邻规划中的象山新港区,货物运输便利,且位于城市东侧的下风处,无煤烟污染之虞,又远离喧闹的城市住宅区,正符合以上所有条件。

《分区计划》中的码头区位于北固山与象山之间的长江沿线,计划全部新建。1929年制定《分区计划》的时候,码头区主要集中于小口门(今运河入江口小京口)一带,在征润洲不断增长的情况下,面临着港口航道逐步堵塞的问题。因此,《分区计划》选定在小口门以东,北固山与象山之间的长江沿线,建造新港区。这一区域东有象山、西有北固山作为天然堤坝,江心又有焦山作为屏障,既能保持稳定的吃水深度,又无须担心淤积的影响,港湾条件十分稳定。由于港口码头对镇江的重要性极高,因此镇江各界对于象山新港区十分关注。竺可桢在担任江苏省建设厅水利局局长期间,曾专门主持编写了《建筑镇江象山新港计划书》,详细描述了新港区的设计方案以及概算情况,但是这一计划也由于政府财力不足而未能实施。

商业区是《分区计划》中最重要的部分。镇江的商业以转口贸易为主,自古商业发达之地都是舟车便利的地方。因此,在选择省会新商业区的位置时,紧邻码头和车站的区域就自然成为首选。《分区计划》中将象山码头区以西包括大教场、虹桥路、新河路、运河路、鼎新街等处划为商业区,寄希望于便利的水陆交通条件能为镇江带来繁荣的商业。实际上,沿江这一区域自清代就已经是镇江商业最发达的地区,先是大运河的大口门和小口门一带,继而是租界设立后西津渡一带,都成为镇江的商业中心。《分区计划》顺应了镇江的这一传统,没有盲目在老城中心设置新的商业区,是十分合理的。

住宅区是《分区计划》内占地最多的一项。住宅区的位置是根据"宜于清静及隔离工厂之地"和"住客来往市廛之时间经济"两方面因素综合考虑确定的。由演军巷至北水关的区域,由于相对较僻静、空旷,且可以方便地抵达商业区和工业区,因此作为工商两区内工作人员的住宅区。城东和城西的大片空地也被划为住宅区,倘若能按照此规划逐步实施完成,镇江市区的覆盖范围也将扩大一倍左右。

计划中根据居民经济地位不同,将住宅区分为三种标准。除普通住宅外,还有专为经济条件一般的工人设计的平民住宅区以及位于城郊、空气新鲜、可以疗养身体的模范住宅区。《分区计划》内为每一种住宅类型都设计了标准户型及参考立面,且设计方案不仅考虑了现代卫生的需要,也十分符合中国传统。即使是最普通的仅有一间卧室的平民住宅,也配备单独的卫生间和厨房。同时方案中结合组团设计,每四户人家共享一个公共庭院。这种平民住宅的理念在当时无疑是先进的,方案对采光、通风等因素的关注体现了设计者具有良好的现代建筑教育背景,庭院的设置则体现了对于中国传统住宅风格的延续。

《分区计划》中的学校区,位于鼎新街至鼓楼岗一带。选址在此的主要原因是这一代较为僻静,且远离商场,无喧嚣之扰。同时,计划中还考虑到此地离住宅区较近,对于学童上学较为便利。照此来看,《分区计划》中学校区应该是高等学校和初等学校都包括在内的,但是实际上民国时期大多数新建的中小学仍就近设置在人口密集的商业区和住宅区内。仅1927年成立的镇江中学[1],选址于鼓楼岗上的原镇江府署、试院之内。1932年,学校改名为省立镇江师范学校。该校校址至今仍位于此地,规模稍有扩张。

园林区是《分区计划》中的一大特色。镇江自古有"城市山林"

---

[1] 由原省立第六中学(原官立镇江府中学堂)和江苏省立第九师范合并而成。

的美誉,拥有多处自然风景秀丽的名胜。以沿江一带的三山和南郊的各寺庙为核心,《分区计划》划定了三片园林区。但民国时期的园林与传统的私家园林的概念已经大有不同,《分区计划》中的园林区目标是"使全市民皆得享受园林之乐趣"。这种园林,实质相当于公共园林,"公园"一词应该就是来源于此。民国时期,镇江大力进行建设的公园有金山公园、林隐公园、甘露公园、象山公园以及伯先公园。这些公园中除了伯先公园是为了纪念辛亥革命时期的赵伯先烈士而新建,其余几个都是在传统风景区的基础上改建而成的。

《分区计划》将清末民初已经人烟稠密的区域规划为旧市区,包括由西门大街,经中山路第一段,至宝塔巷止的城西一带,及南门大街两侧城南一带。这两处是镇江在清末民初人口最为密集的两个区域,划为旧市区是为了"以留待逐渐之改良"。这主要是因为当时政府的财力有限,难以负担旧城改造的庞大支出,只能暂缓。至今,西门大街(今大西路)一带仍是镇江传统民居保留最完整的区域。

这种根据功能进行分区的理念,正是现代城市规划诞生之后所提倡的功能主义城市理念,更体现了规划者的知识储备。《分区计划》为民国时期镇江的城市发展奠定了基础,确定了基本结构和功能分布。民国时期镇江的城市建设大体是在此框架之下进行的,但是到1949年仍有许多区域实际并未建成。这一方面与日军侵华战争中断了城市建设的进程有关,另一方面也是由于民国时期政府财政一直很紧张,无法大规模展开城市建设,只能优先完成行政建筑和一些主要道路的建设。商业区、学校区和工厂区、码头区都未能按计划展开建设。其中,前三者是受制于城市发展的规模和工业化的水平,象山新港区则由于投资规模颇大,一直未能解决资金来源问题。

从现代的规划观点来看,《分区计划》相当于城市规划体系中总规的层次,以用地规划为其主要内容。其主要用意是统筹全局,对于城市用地的性质进行划分,以保障彼此之间的协调发展。对于当时从普通城市升级为省会城市的镇江来说,制定这样一份规划是必要的。从规划实施情况来看,规划的内容也是合理的。

2) 试行建设区域计划

《分区计划》确定了省会建设的目标,但是省会迁镇以来,江苏省政府一直面临着资金短缺的困境,无法负担全城同时展开城市建设所需资金。因此,省建设厅厅长孙鸿哲在1930年的省府会议上提出议案:先在城南平坦的区域划定适宜的范围,作为试行建设区域,先行开展建设。希望能够在小范围内先获得成功,然后循序渐进,逐步完成整个省会建设。试行建设区域的范围包括:"西南以京沪铁路为界,西自新西门起,迄东达网巾桥成一直线,是为北界;自网巾桥东南行至南门大街之中点为东界;折而南至南门车站为南界,全部面积约2 000余亩。"[1](图7-12)议案在当次会议上获得通过,并由省会建设工程处负责实施。

[1] 《江苏省会建设·江苏省会试行建设区域之计划及土地整理之进行》。

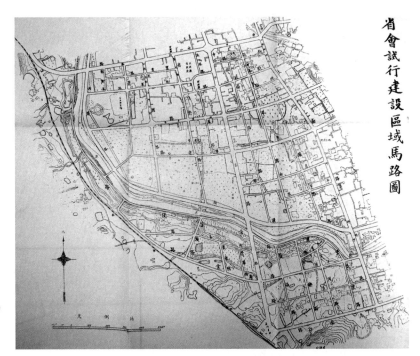

图 7-12 省会试行建设区域马路图
来源:《江苏省会建设》

在议案中,孙鸿哲还提出对试行建设区域内的土地进行登记,并重新整理。他在《试行建设区域土地整理之意义》中提出:"伦敦大火之后,不肯整理土地,现在伦敦的城市街道布局,问题多多。近二三十年来,在外国已经视为当然的事了。东京在1923年大地震以后,把从前杂乱无章的街市,依照科学方法整理起来,费了很多心思和财力,居然造成一个世界最美观的城市,地皮价值的增高,更不消说了。"并以科隆和东京为例,意图证明土地整理对于城市发展大有益处。1930年6月10日,江苏省政府委员会第三百零一次会议通过《试行建设区域土地整理办法》,内容如下:

(1) 本区域土地业主,须自布告之日起,于两个月之内向建设厅省会建设工程处领取土地登记表格,详细填报,如逾期不登记,而在登记期内又不申请展期者,即以无主论,当将该地收归公有。

(2) 在办理登记制两个月期内,暂行停止土地房屋买卖,及房屋建筑。

(3) 规定各段落等次,及其地价,作为整理土地期内集地还地之标准,俟本区域内土地整理完毕时,此规定立即取消。

(4) 依本区域内马路总面积与土地总面积之比例计算每地一亩,应划充辟路之成分,按亩平均负担之,其详细办法另行规定。

(5) 土地整理后,由土地局填发新契,同时注销旧契。

(6) 自颁发土地新契之日起,须于六个月内兴工建筑房屋,逾期征收空地捐,捐则另定之。

这种对土地进行重新梳理和划分的方法,有利于提高土地的使用效率,对城市发展具有良性的促进。但是试行建设区域内涉及大量原有居民,说服工作和登记工作都非常费时。1930年12月8日,布告开始登记原有基地,由于前来要求展望的人太多,原本预定两个月完成的登记工作延期到了第二年3月底。

3) 道路干线计划

1928年江苏省府迁到镇江的时候,镇江城内的道路大多比较狭窄,最宽的路面堰头街和西门大街也只有5米宽,仅能容轿子和人力车交会。路面多使用长条石板铺设,下为下水沟道。由于使用日久,人行其上,石板往往咯吱作响。英租界内的几条现代沥青马路在租界撤销以后,由于年久失修,逐渐损坏,也大多不堪使用了。总之,省会迁镇之前,镇江的道路状况本就不佳,只是清末之后老城内经济萧条,对现代化的马路没有需求,因此迟迟未有修筑。

省府迁镇以后,省府办公机构设置于老城内的市中心。一时间,城内机关林立,交通因此而繁忙。省会建设委员会成立之后,规划并修筑道路就成了当务之急。省会新建的道路是由建设委员会指派建设厅秘书沈宝璋、市政股股长王燕泉指导工程师朱熙负责规划,很快拟定了镇江的道路系统规划,并绘制了全省干道系统图,准备按照形势的需要和经济能力依次修筑。

其中,东西干道为中山路。在1928年省会建设委员会第十五次会议中,议决省会东西干道的走向:自镇江车站经南马路、黑桥、竹竿巷、北门,直达象山,定名中山路。全路长约8公里,分为四段如下:第一段自镇江车站经京畿岭而至伯先路口,长约990米;第二段自伯先路口经黑桥顺京沪铁路而至竹竿巷,长约1 620米;第三段自竹竿巷经大市口网巾桥而至北门,长约1 620米;第四段自北门至象山,长约3 700米。

南北干道为中正路(今解放路)。南自南门车站,北至江边,是贯通省会联络水陆的交通要道。中正路与中山路成交叉形,使省会之东西南北互相贯通,成为省会交通网的骨干。全路总长约1 760米,分为两段进行建设。第一段自南门车站起,跨运河经观音楼街而至大市口,长约1 540米;第二段自大市口经营门口街、鼎新街穿城墙横贯大教场,直通江边,长约1 220米。

沿江通道为江边马路。为了使码头区的交通更为便利,由通固路起至跃金桥止,沿长江边修筑马路,定名江边马路,作为城市东西干道之一。计划自东向西修筑,第一段至中正路止,再伸展至平政桥为第二段,继伸展至镇江关为第三段,最后伸展至跃金桥为第四段。其中第四段由镇江关至银山路部分即租界时期的江边大马路,只需略为整理即可使用。江边马路与中正路交汇之后,镇江的水陆交通就可互相连接,发挥更大的作用。

对外交通则规划开辟镇澄路和省句路省会段。中山路与中正路作为东西和南北干道,可以满足镇江城内的交通需要。但是当时城内与城外还没有联络干线,因此对外交通尚属不便。中山路原本的设计路线是通过西门车站与通往句容的省句路相连接。但是中

图7-13 中正路路线图
来源:《古城掠影——民国时期镇江城市建设》

山路第一段需跨越京畿岭,第二段因循旧路需要扩建,都是工程浩大,所需费用高昂,短时间内无法完工。因此省会建设工程处在宝盖山南侧另辟一路,用以连接省句路和城内的中山路,直接利用省句路的建设经费修筑。

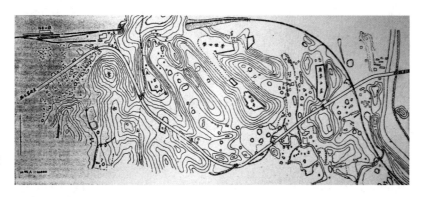

图 7-14　省句路路线图
来源:《古城掠影——民国时期镇江城市建设》

规划修筑金山路、北固路和林隐路作为通往风景名胜的道路。省会建设工程处认为发展省会与风景名胜地之间的交通可以繁荣省会,因此对通往各风景名胜的道路进行专项修筑。金山是江苏省著名的宗教圣地、镇江三山之一,前往参拜和游览的游人一直络绎不绝。古代金山位于长江水中,游人需要乘船才能抵达。近代随着长江淤积越来越严重,金山与陆地逐渐连接到了一起,人们步行即可前往。但是道路并未经过修筑,只是羊肠小径,崎岖不平,游人行走困难。而且当时金山是距离镇江车站最近的名胜,于是议定先行建筑,定名为金山路。全路长 1 257 米,宽 12 米,车行道 9 米,人行道各宽 1.5 米。北固山也是镇江三山之一,山势蜿蜒,北端枕江,是镇江自古以来的风景胜地。每逢春秋时节,游客如云。近代江面淤沙堵塞运河口和西津渡附近的港区以来,船舶停靠逐渐向东转移,北固山附近的商业地位越来越重要。而省会迁镇之后,开辟象山港和建设甘露公园的决议又为北固山地区增添了新的商业价值。因此,开拓交通,已是刻不容缓的事。北固路的路线从中山路北门广场至北固山造林纪念碑,共长 800 米,宽 5 米。林隐路是从南门车站通向镇江南郊竹林寺、鹤林寺和照隐寺的道路,因此得名。修筑这条马路是为了将郊外的山水园林的天然之美,引入城市。全路长 5 340 千米,单行道宽 3 米,长 2 040 千米,双行道宽 5 米,长 3 300 千米,均铺以碎石路面。

道路干线计划的目标是最终形成"城内以中正路、南门大街、青云街、斜桥街为主要纵干,中山路、正东路、堰头街、水陆寺巷、千秋桥街为主要横干;城西北部以江边大马路、中华路、西门大街及宝盖路为横干,宝塔路、山巷路及伯先路为纵干;城南以中正路及南门外大街为主干;城西南及东北以省会路、镇澄路及象山路为枢纽;其他次要街道各支路,依照地势及需要连接纵横主干"。

从这些马路在空间上的分布来说,基本覆盖了镇江市区的全部。其中道路最密集的两个区域是市中心大市口和城西的旧市区,火车站则是多条道路的汇集地。大西路是在连接老城与西津渡的西门大街的基础上拓宽改造而成的,通往西津渡的东西方向的主要通道;伯先路和京畿路组成了火车站通往西津渡的南北向主要通道,可见当时西津渡地区在城市中的地位仍然十分重要。老城之内以中正路和中山路为东西和南北两个方向的主干道,力图控制整个城区。中山路增强了火车站的交通便利性,也解决了市中心行政区的交通问题。其他道路,则是围绕位于省府路的省政府展开的。自此,镇江交通中心和经济中心逐渐回到老城中心的大市口区域。

4) 拆墙填河筑路的方针

为了修筑这些新式马路,当时江苏省政府出台了"拆(城)墙、填(运)河、筑马路"的政策方针,即拆除城墙、填埋运河,并在城墙和运河的基础上修筑马路。这一策略对于镇江老城原本以运河为脉络的空间格局造成很大影响。

城墙在辛亥革命之前是中国大多数城市的边界,但是辛亥革命之后,在全国范围内的许多城市中兴起了拆除城墙的运动。对于当时的人来说,拆除城墙的目的不仅在于便利交通,更重要的是一种政治象征:象征打破了延续两千年的封建制度,象征国家和城市进入了自由和开放的新时代。因此,各大城市特别是新派政治势力占主导的城市和经济发达导致城墙成为交通制约的城市,非常热衷于拆除城墙。但镇江在民国初期仅是一个二线城市,经济实力不强,政治地位也不高,因此在辛亥革命之后并没有立刻提出拆除城墙。直到成为江苏省省会之后,地位上升,且城内交通压力大增,才开始有了拆除城墙、修筑道路的想法。

当时的规划是拆除城墙后,利用城基修筑环城路,作为全城路线网的重要组成部分。环城路包括东环、西环、南环、北环四路,计划循序建设。当拆城完成之后,先修北环路及西环路,之后修筑南环路及东环路。实际上,民国时期最终只拆除了西侧的部分城墙,完成了西环路的一小段路(双井路)用以连接宝盖路和中山路,并修建了运河公园。镇江城墙的完全拆除是在1950年代的时候。

"填河"实际上也只执行了计划中的一小部分。民国时期镇江市内河道以运河与关河为主,与镇江各主要港口互相连接。关河以南北为干,北出北水关与甘露港相连,南出南水关与运河相连,又分向西支干,经斜桥出西水关,亦与运河相连。进入近代,马路依靠运输速度上的优势完全取代了内河航运的地位,关河之上船舶的数量越来越少。1929年时关河的情况是:"向西支河久已淤废,南北干河,为各沟泥滓所污壅,逐年垃圾所填塞,不独失宣泄之效,抑且无河道之形。"因此,省政府决定填平河道,"以饰观瞻",并在城内各干路下修筑排水沟渠,以代替官河宣泄城市污水的功能。但是关河河道纵贯全城,虽然已经淤塞,一时也难以全部填平筑路,只能分段填塞。到1930年,关河上的五座石桥已经被拆除了三座,并相应于桥基附近填塞了河身,使关河被分割成数段而不能通航,河床不断增高,逐渐淤塞填没。

运河被填埋的是位于入江口处的大京口河道。在省会迁镇之时,这段河道已经淤塞多年。"自洋浮桥至石浮桥一带长约一公里,臭水屯滞,垃圾成丘,秽气熏蒸,非特有碍观瞻,抑且妨碍卫生"[1]。1930年民国政府的调查报告中指出,当时大京口不仅河道淤塞,入江口门之外的淤滩宽度也已经达到200米,即使花大力气疏浚,也难以彻底解决泥沙淤积的问题[2]。因此,1931年时,省会建设工程处专门编写了《江苏省会大口门填河筑路计划》。该计划一方面分析了疏浚河道的困难并坦言疏浚无法根治河道淤积,另一方面从公共卫生、省会观瞻、商业、交通、经济、宣泄雨水等多个角度论证填河筑路的必要性,并详述了填河筑路方法以及预算、施工细则。道路最终定名中华路,于1931年修筑完成,全长约1 070米,路面局部宽15～18米。

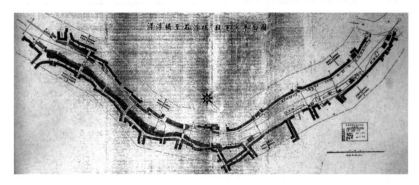

图7-15 中华路修筑前大京口河道状况
来源:《古城掠影——民国时期镇江城市建设》

填埋河道的做法在当时看来并无不妥,关河与运河的两大功能为运输与排水,前者在铁路和马路已经普及的近代变得毫无价值,后者也似乎可以被排水沟渠完美替代。但是镇江城厢地下水相当丰满,城中、城西一带,地下2～4米即有水脉相通。以往遇有暴雨持久,水即流入河道,并排入长江。自填河筑路后,江水宣泄不畅,结果常遭内涝之患。1931年镇江遭受洪涝灾害,中华路两侧的鱼巷、柴炭巷、打索街、姚一港、新河街一带几成泽国,一片汪洋。城内的第一楼街、万古一人巷等地段,水淹没膝。特别是城西的盐栈、糖坊,盐、糖多半溶化,还有南北货栈附近,枣子、木耳、桂圆等物到处漂浮,给人民财产、生活带来莫大的灾难,并给后人留下无穷的隐患。

与填河筑路相对应的是对于古代桥梁的改造。在以水运为主要运输方式的古代,每天有大量货物经水路运输,桥梁必须要尽量减少对过往船只的影响。因此古代桥梁大多是高耸的石拱桥,桥下净空较高,以方便船只通过。到近代,随着铁路的兴起和马路的普及,陆路运输逐渐取代水运成为大宗货物的主要运输方式,这时对桥梁的要求就变为要优先考虑行人和货物从桥上通过的便利,高耸的石拱桥这时就显得不合时宜了。

[1] 江苏省建设厅:《江苏省会建设进行概况》。
[2] 江苏省会建设工程处编《江苏省会大口门填河筑路计划》。

省会迁镇之前,镇江旧有桥梁包括西门桥、千秋桥、高桥、网巾桥、范公桥以及石浮桥都是半圆拱式的石桥,桥身高耸,不利于行旅通过,且年久失修,呈现倾颓的势态。此外,有近代建造的三座木桥——洋浮桥、平政桥和新西门桥。其中,前两者为木造活动桥梁,木质已经朽烂,不堪重负,亟须改建,只有1914年修建的新西门桥是新式木平桥,桥面平阔,可容两辆汽车相对行驶。因此,省会建设工程处计划在市内建设一系列新桥梁:在城南运河上,中正路之南端建设中正桥;在新西门桥之南,横跨运河建造中山桥;在金山路新河上,建造新河桥;在江边路西端,横跨原运粮河,建造跃金桥;另外还需在原址翻建平政桥。这些桥梁大多设计为钢筋混凝土结构,荷载10吨至15吨,大大提高了桥梁的载重能力。

5) **市政设施规划**

近代以前,镇江没有专门的市政机关,原有沟渠或由各街巷集资,或由私人捐款修筑,只为日常生活用水排泄,多是互不连通、各自为政,更没有干渠、支渠之分。城内的沟渠直接排向官河,城外旧市区则经过西门大街下的大沟排向运河。新河街下也有一条汇总的大沟,将附近生活污水排向石浮桥至洋浮桥之间的运河。距离运河或长江较远的地区,则直接排入附近的水塘。只有租界区域内的排水沟渠较有系统,以一直径三尺的水泥涵管直达江中。民国时期,1918年左右成立了道路工程局和镇江绅商维持工程局。1926年,由商会集资创办的自来水厂开始集中供水。省会迁至镇江之后,建设厅以现代城市规划的理念,对市内河道进行了全面整理,并进行了相关市政设施的规划和建设。

建设厅工程处在调查了镇江原有沟渠的状况后,认为主要存在三方面的问题。一是尺度过小的问题:这些沟渠建造时,大多以砖砌,做工粗糙,以宽一尺五深三尺者为多,即便是最主要的大沟,也不过宽二尺深四尺。二是路径选择的问题:原有沟渠都是按最短距离排入临近河道或塘汊,造成水域污染和淤塞,直接影响居民生活用水的卫生状况。三是道路与沟渠的关系问题:镇江旧街巷的路面均作水槽形,路中反比路边为低,沟渠造于道路中央,再以街石封盖路面。街面积水时,水从石缝中下注沟内,一旦石缝为泥堵塞,那么街面积水就很难排泄。另外,沟内污水的秽气蒸发后即飘荡于道路上空,同样不利于卫生。为此,工程处制订了《江苏省会新沟渠计划》(以下简称《沟渠计划》),用以完善城市排水系统。

《沟渠计划》将全市的沟渠分为甲乙丙丁戊己六种,根据流量多寡以及附近支渠的密集程度设置。甲种沟渠是计划中流量最大的主干沟渠,共有中华路、大西路、大南路和中正路四条线路,总长2 700米,设置在各支线沟渠会合之处,引导污水流入江河。乙种沟渠长度总计11 930米,在城内与城外均有分布,城内沟渠与新规划的道路系统一致,呈现纵横交叉的网状格局,其中最长的一段在中山路下,几乎占城内乙种沟渠的一半长度;城外分布于新西路、宝塔路、三山路、伯先路、银山路、莲花路及金山路之南段,大多北向流入长江或运河。丙种沟渠长度总计7 425米,主要分布在西门大街一带的支线沟渠,用以解决旧市区的排水问题;另外,城内和北固山以东新市区一部分地段,由于可以直接通江,也设置丙种沟渠。丁种沟渠仅设计有金山寺旁的金山路东至江边路一道而已,该渠长约400米。戊种沟渠共长约8 000米,分两类:一类是设置于城南山坡附近的横行沟渠,用以宣泄山洪暴发时山坡上的流水,以免泛滥至市内道路;一类是老城西南侧的支线沟渠,约长3 000米,目的是方便附近居民的私家沟渠连接,以排放生活用水。己种沟渠是沟渠系统中规模最小的,总长约10 180米,主要分布在江边马路所在的沿江地带,范围从金山至象山新港区。以上六种沟渠,总长合计40 635米。

图7-16 江苏省会拟建沟渠系统图
来源:《江苏省会建设》

7.4.3 省会时期的建筑更新

省府迁镇之后,建设了大量新式建筑。一方面,为容纳省府各机构,需要新建办公建筑;另一方面,也需要建设配套的文、教、卫、体等公共建筑。这些公共建筑都由建设厅工程处负责设计,建筑形式则大多采用中西合璧的风格。其中省政府办公楼建于1929年,为模仿西方风格的花园式建筑,主楼为省政府委员会会议之所,外事接待常设于此。省政府主楼外立面和入口模仿了西方古典建筑的样式,屋顶则采用中国传统的歇山式样。1933年建成的国民党江苏省党部大楼则采用纯粹的西方建筑式样,办公楼坐西朝东,为钢筋混凝土框架结构,青砖墙面,外封水泥砂浆,在楼背连接一幢礼堂。上、下两层各置相对称的高直窗,以强调立面上的竖向线条,颇有哥特式建筑的意象。

除了行政办公区、商业工业区内建筑的进一步增多外,近代住宅与公共建筑开始崭露头角。如箴庐、大康新村、江苏省立图书馆、五卅演讲厅、基督医院等均为这一时期代表。江苏省立图书馆由上海成基建筑公司设计,上海新记营造厂得标承造,1935年建成。红十字会江苏省分会始建于1923年9月,后又扩建,规模宏大。

绍宗国学藏书楼位于城西伯先公园内云台山顶南部平台上,为藏书家吴寄尘先生创办,建于1932年。系一西式二层楼房,中部附加一楼阁,钢筋混凝土骨架结构,青砖砌墙,外抹一层水泥,坐北朝南,面阔五间,占地面积212平方米。南正立面中3间呈内凹状,两边梢间面积较大,用为书库。现藏书3万余册。楼之中间为大门、明间,并设梯可登至阳式平顶。

气象台位于北固山中峰,建于1934年,青砖叠砌,砖木结构,坐北朝南。整体建筑为一呈凸字形四层楼房,平顶,占地面积为150多平方米。气象台中部有石平台,由左右台阶拾级而上进入大门。下层为过道,第二、三层为设置无线电收报机、气计处;第四层是设置风雨速自记针计处。台前建有廊,台之两旁各建办公室两间。底层墙面嵌碑石二方,记载建台历史。

镇江商会位于伯先路北段,房屋建于1929年,占地面积约为948平方米,青砖叠砌。正门朝南,迎街面东另造一大门楼,整个建筑呈长方形。南面门楼为西式墙面,砌8个方形砖柱,中部大门上凸出,砖砌券形门洞上有逐层向内凹的圈带状装饰,券底落在圆白石柱上,门上嵌白石横额,上镌刻"镇江商会"四大字,落款为"于右任题"。其内部为中式三进。第一进为走廊、天井。中为大厅,面阔三间,迎面朝南采用中式槅扇,两旁为厢房,内部多为木立柱式,水磨石子地面,平顶天花。第二进为平房,后为二层楼,走廊、天花、地面均西式。第三进由东大门通道进入,设有楼梯,进入天井为一座三层楼房,有走廊与第二进相通。屋顶为平瓦,坡度较缓。整座建筑为中西结合形制。今为镇江市工商业联合会办公地。

7.4.4 省会时期镇江的城市形态

镇江成为省会后,经过一系列规划和建设,到1936年初步形成了4个不同功能的区域。城里是省政府和县政府的所在地,为政治中心;城外西部大西路沿线是当时镇江的商业中心;以原租界为核心的小码头区域工商云集,是镇江的实业中心;运河以东、城墙以北的河北区域则是商行堆栈集中的物流中心。城里虽然是省、县政府驻地,但与其他三个区域相比,则较为冷落,市场全在城外。城外的商业区中,西门大街与沿江的码头区平行,并且作为连接火车站与老城的主要通道,商旅络绎不绝,车水马龙。小码头区域虽然已经不再有租界的存在,但是拥有直通码头的沪宁铁路江边支线的联系,这里逐渐成为镇江水陆转运的中心。河北区域西端是运河大口门和小口门,东侧荷花塘一带直至北固山下设有许多煤栈、油池、自来水设施,是能源仓储的集中地。

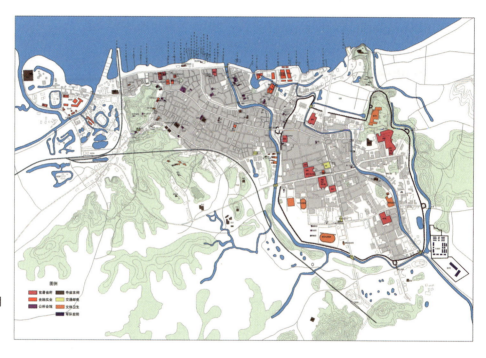

图 7-17 省会时期镇江城市格局
来源:自绘

这种功能布局没有完全实现省会建设《分区计划》的目标。以工业区为例,虽然工业区的选位非常合理,但由于当地商人的观念转变较慢,镇江的工业并没有因此而兴盛。到 1937 年,镇江城大小工业企业 300 余家,资本总额约 500 万元。这些工厂散布在镇江城内外各处,并没有形成集中的工业区。据贾子彝 1936 年所统计,当时镇江只有面粉厂一家、火柴厂两家企业规模在百人以上,最兴盛的是酱醋厂和纽扣厂以及一些小型加工企业。原有的织布厂等近代大型工业则由于设备落后,且不知改良,在"木机改为铁机,人力改为电力"的时代,很快被市场淘汰。由此可见,镇江近代的工厂没有形成规模效应,因此也没能带动城市中出现工业区。

省会道路的建设,从省会迁镇之后不久就开始进行,抗日战争期间中断,到新中国成立之前,共修筑马路 12 条半。当时于 1929 年最先修筑的是东西、南北两条干道——中山路和中正路(今解放路)

以及通往镇江最重要的风景名胜地金山的金山路。金山路于次年即行建成，中山路与中正路由于分段建设，持续时间较长。中山路的四段中，除了北门至象山多为荒废区域之外，其余三段均经过繁华地段。第一段是将镇江车站与城内和江边连接的交通要道，而且京畿岭原本坡度很大，行车十分危险，亟待改良。但是一旦开工建设，车站周围的交通也必将受到影响而断绝。所以这一段必须在南门火车站至大市口的中正路第一段建设完毕后，行旅出行有替代方案之后，方能开始建设。第二段原有道路宽度勉强敷用，可以暂缓。第三段则由于经过市中心，在省府迁镇之后，呈现机关林立、车流量和人流量都剧增的情况，原有道路过于狭窄，局部只能通行一辆普通汽车，对于省府办公大为不便，因此最先进行修筑，于1930年完工。后来1932年第一段和第二段建成后，分别改名为京畿路和宝盖路，连接省句路和中山路的省会路后来被改称中山西路。中正路先修筑的是自南门车站至大市口的第一段，1930年即完工。第二段于1933年完工。

到1937年抗日战争全面爆发之前，省会建设工程处又先后修筑完成了6条主要道路，包括通往林隐公园的林隐路，通往北固山的北固路，填平运河大口门段而成的中华路，连接中华路与中山路的宝塔路，与城外联系的镇澄路和省句路省会段。1936年，政府筹备扩建连接老城与西部旧市区的西门大街，征地和拆迁已经完成之时，被抗日战争爆发中断。抗战胜利后，由于国民党忙于内战，无暇顾及城市建设，仅完成了江边马路的修筑和西门大街的扩建，并将西门大街改称大西路。

表7-7 省会时期道路建设一览表

序号	道路名称	起讫地点	长度(米)	路幅宽度(米)	路面结构	始建年代
1	市政路	中山路—解放路	682	9～13.3	沥青	1928
2	解放路	苏北路—天桥支路	2 790	18	沥青、水泥	1930
3	中山路	环城路—牌湾	3 936	40	沥青、水泥	1930
4	金山路	车站路—新河路	1 035	7.3～13.5	沥青	1930
5	中华路	苏北路—宝塔路	887	11.7～16.8	沥青	1931
6	镇焦路	解放路—象山	4 107	9.7～30	沥青、水泥	1931
7	林隐路	南门立交桥—招隐寺	4 280	10～18	沥青、水泥	1931
8	宝塔路	宝盖路—浮桥巷	621	10～11.7	沥青	1934
9	正东路	解放路—东门广场	915	12.4～15.6	沥青	1934
10	迎江路	苏北路—大西路	214	10.9～14.9	沥青	1936
11	大西路	解放路—伯先路	1 986	11.6～16	沥青	1939

来源：《镇江市志》第二章《市政建设》

民国时期是中国近代城市发展最迅速的时期，特别是南京国民政府成立以后,由于政局相对稳定,政府全力进行城市建设,在各大城市进行了系统的城市规划。这些规划方案,有的是直接聘请国外专家主持制订,有的则依靠我国第一批专业建筑师和工程师制订,而这些专业人员也大多数具有海外留学的背景。因此,这一时期的城市规划具有明显的现代性,与当时国际城市建设的理念是同步的。但是在1931年苏北大水灾之后,其受灾最重地区又恰为与镇江商业往来密切的区域。各业货款及钱庄放款损失奇重,以致市面呆滞,银根紧缺,受打击极大,数年间未及恢复。省政府也投入大量资金用于赈灾,使省会建设的经费更加捉襟见肘,各项规划迟迟无法实施。

7.5 战争时期的城建停滞(1937—1949年)

7.5.1 抗日战争造成的城建停滞

1) 战争对镇江的直接破坏

抗日战争全面爆发以后,战火很快蔓延到镇江。抗战初期国民党军队的某战区司令部设于镇江原租界内。获得此消息后,从1937年10月开始,日军的飞机就开始对镇江租界内的重要目标进行轰炸。10月13日,日机6架首次空袭镇江城区,炸弹落在原租界巡捕房旧址附近,炸毁数间房屋,江边大华饭店被炸。11月22日,日机再次空袭镇江,炸毁了二马路口的美孚石油公司、华清池等一批建筑;北固山前峰的古城"十三门"被毁,使铁瓮城遗址荡然无存,铁瓮城的军事用途彻底终结。

1937年11月27至28日,日机在镇江投弹140余枚,炸毁房屋不计其数,义渡码头、拖板桥、粮米仓、五条街、松花巷、日新街、镇江中学、镇江师范、穆源小学和沿江一带均遭猛烈轰炸。整个镇江城乡,浓烟处处。1937年12月8日,日军占领镇江。全城39个镇,除三阳、黄华、铁路三镇之外,其他36个镇全部遭到火焚。大火遍及五条街、东坞街、西坞街、日新街、大市口、中华路、二马路、南马路、鱼巷、山巷、柴炭巷、太保巷、江边、盆汤巷、姚一湾、小营盘、杨家门、上河边、小街、南门大街等地,其中受害最严重的是大西路西段与南门大街。镇江师范、镇江中学等学校以及千秋、敏成、穆源等数所小学惨遭焚毁,庙宇也未能幸免,竹林寺、鹤林寺、招隐寺、甘露寺以及焦山和苗家巷的清真寺都被日军纵火焚烧。

据1940年伪丹徒县署不完全统计:日军攻占镇江数日内,民众死亡4 525人[1],烧毁房屋30 151间,其中城区16 700余间。此后,市场凋敝,人口稀少。直至新中国成立初期,南门内外大街仍甚为冷落,棒槌营、石头巷、贺家弄一带多为菜园、桑田。

---

[1] 这个数字很可能远小于真实的情况。据抗战胜利后镇江商会的调查,当时镇江被屠杀的人数在万人以上。

2) 日占时期的城市工商业

从1937年底至1945年抗日战争胜利,日军占领镇江长达8年。其间,日本军政府通过伪镇江县自治委员会(后改组成为伪丹徒县公署)对镇江进行统治,城区内设城公所,下设37个镇公所。经济上,日军通过其直辖的"华中振兴株式会社"[1]及其分支机构,全面独占经营了这一地区的交通运输业务,野蛮掠夺华中地区的工农业产品和自然资源,为其侵略战争服务。1939年,日本人在镇江设有洋行30余家,主要进出口物资由日本侵略军司令部及日商垄断组织经营。镇江的大部分工厂均告闭歇,生产萎缩,手工业和轻工业都处于停顿和半停顿状态,面粉公司、火柴厂、五金行业等则相继被日军控制。日商先后在大市口附近开设白木实业公司,在大西路鱼巷开设黄茂源等商店,专营日本商品,总计有三井、三菱、大丸、志田等洋行30余家。民营汽车公司撤离镇江,银行先后停业,面粉公司和火柴厂为日人经营,大照电气公司被日伪华中水电公司吞并。农业生产也遭严重影响,16家桑蚕制种场和9家畜牧园艺场全部停业,3 000余亩林木、苗圃被砍伐殆尽。

3) 日占时期的交通状况

抗日战争期间,镇江的经济始终没能恢复到战前的繁荣。这一方面是由于战争期间,社会环境不利于商业发展,但主要原因是镇江交通体系已经残破不堪,无法为商业往来提供支撑。1937年日军进攻镇江时,京沪铁路镇江段遭到严重破坏,宝盖山隧道也严重被毁。后虽经紧急维修,全线恢复通车,但修复后的铁路、桥梁只能勉强维持通车,列车过桥时的时速不得不限制在10～15公里。这给日军在华中地区陆路交通运输造成了重大困难,也限制了镇江商业往来的规模。

镇江在战前繁荣的港口航运也因战争遭到了严重的破坏。1937年8月,为阻止日军沿长江进犯南京,国民党政府军事委员会在江阴要塞组织大规模沉船,并沉入石块和水雷,阻塞了长江航道。于是,长江下游航线为之中断,镇江的港口失去了重要的货物来源。抗日战争期间,镇江港口的主要功能是长江南北的渡运以及以运河为载体的内河航运,但是规模都不大。而且当时港区外的征润洲淤涨速度很快,船只进出港也颇多不便,进一步制约了镇江商品贸易的规模。

抗日战争时期镇江唯一改善的是马路建设。1938年6月,日军为了加强对镇江城区的控制,修理了荷花塘附近的平安桥,加强了城内与江边码头的交通联系。1938年11月,完成了大西路路面填土工程。次年4月,又对大西路由银山门至四牌楼路段铺设了碎石路面。1938年12月,日军修筑了由更生路(今伯先路)至新西门的新马路,加强了城内与铁路西站的联系。同月,又集资改建原京口闸为活动桥身,名新镇桥,以按需启闭,旨在改善内河码头和城区道

[1] 此为日文名称,中文译作"华中振兴股份有限公司",下文简称"华中振兴公司"。

路的衔接。

7.5.2 民国后期短暂的城市恢复

抗战胜利之后,江苏省政府和镇江县政府迁返镇江,并组织恢复城市生产。轻工业、手工业部分复业。1947年,同业公会已有40家。登记的工厂有百余家,其中碾米厂40家,较大型的工厂只有荣昌火柴厂、贻成面粉厂和水电公司3家。原先转移到其他城市的学校也相继回到镇江,1946年到1948年先后恢复和创办了崇实女子中学、大经中学、金山中学、生存中学、国华中学、清华中学等6所学校。

城市建设方面,由镇江县政府对公有房地产进行清理,恢复土地管理机构,进行地籍管理和补办登记。政府建房规模不大,且多为机关用房,住宅极少。房屋修缮、私人建房有所增多,但江边平政桥一带仍是棚屋鳞次栉比。对于城区道路,稍有建设。将苏北路从平政桥延伸到中正路,并在苏北路与中正路交叉处建成直径50米的交通性广场。成立镇江工程局,将大西路加浇了沥青面层,其他道路仍为碎石路面。当时的干道东西向多,南北向少,又无外环道路,运行不便,通行能力低,为此对城区道路又进行了规划。1948年公布了经内政部核批的《镇江道路系统设计》,但是未及实施就迎来了镇江的解放。同样,交通运输业通过接收日伪的交通机构和企业,曾稍有恢复,但是内战爆发后又陷于混乱。

7.5.3 民国末期镇江的城市形态

经过抗战时期的城市建设停滞和战后国民政府主持的重建之后,镇江基本恢复了战前的城市格局。其中,道路系统基本延续了战前的体系,没有在战争中遭到破坏。但是城市各功能区则由于受到战火的波及,改变较大。原本作为城市商业中心之一的西津渡地区,受到日军轰炸之后,大量建筑受损,已经无法负担原有的功能。而老城由于是省级政府驻地,战后迅速恢复了活力,成为城市商业的中心。因此,战后镇江又再次恢复到清末以前以老城为核心的单中心城市结构。

同时,由于长江泥沙淤积的不断加剧以及外资轮船公司相继撤离,原本位于西津渡地段连绵不断的轮船码头逐渐消失。到1947年,仅存小京口附近四座属于招商局的码头。西津渡以及沿江码头的衰落直接影响到与之紧密相连的大西路的商业繁华程度。宝盖路和新马路建成后,火车站与老城的车辆和物资大多沿这条路线往来,又分流了大西路的一部分交通。到1949年,大西路沿街的商业店铺数量已经大大减少,不复往日商业街的繁华。正是在此基础上,1949年之后镇江的市中心回归到老城内的大市口,西津渡地区则由交通节点变为交通死角,逐渐沦为被遗忘的角落。

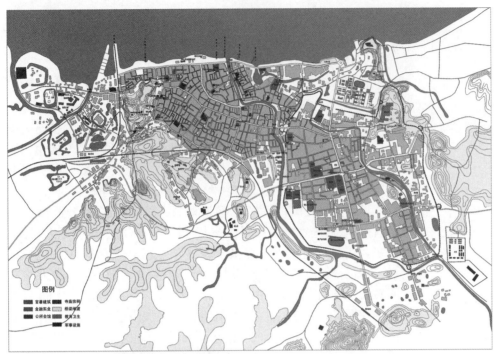

图7-18 民国末期镇江城市形态复原图
来源：自绘

图7-19 1949年镇江鸟瞰
来源：镇江市城建档案馆收藏，Harrison Forman 于1949年4月拍摄

图7-19是1949年4月初，美国探险家 Harrison Forman 在美国领事馆所在的云台山上拍摄的照片。这张照片真实记录了经过

抗日战争和恢复建设之后镇江的城市面貌：照片下方最近处是美国领事馆与英国领事馆，中部是原英租界所在的区域，但是由于抗日战争初期受到日军的轰炸，原本繁华的租界已经多处被夷为平地，仅存美孚洋行的几处3层楼房。远处江面上停泊着几艘船只，是人民解放军从日军手中缴获的军舰。但是码头的数量很少，只在小京口附近有一座埠头伸入江面。照片右侧宽阔的道路就是大西路，经过民国时期和抗日战争时期的持续建设，已成为当时镇江路面状况最好的街道，道路两侧商铺林立，行人众多，一派繁荣景象。

7.6 小结

通过对近代镇江城市形态变迁五个时期的分别研究，结合近代镇江城市变迁的重大事件，可以根据发展的先后将近代镇江的城区分为四期：第一期为城内及西城外运河入江口附近的旧市区，是太平天国时期城市的重心所在；第二期为旧租界区以东至平政桥之间的滨江区，是开埠通商设立租界之后城市发展的重心；第三期则包括运河以东、城墙以北的外部区域，当时称河北地区，是仓储、能源的集中地；最近期则包括从当时的沪宁铁路镇江车站以东至宝盖路和新马路以南的区域，当代镇江城区的扩张正是从这一区域开始的。

第八章 城市形态变迁与比较

基于前两章对于镇江和扬州城市形态变迁的历史过程的研究和分析，本章对这两座城市近代城市形态变迁的综合特征进行归纳和总结。在此基础上，通过对两座城市近代变迁的特征互相比较以及与其他运河城市进行比较和分析，可以发现镇江和扬州的近代变迁具有较强的代表性，分别对应运河城市近代变迁的两种基本模式。本章为提炼运河城市近代形态变迁的影响因素提供了重要支撑。

根据前文分析运河城市空间形态时所使用的多因素分类方法，本章在总结近代城市空间形态变迁时，也针对前文所总结的四大要素进行分析。具体包括城市水系的变迁、街巷肌理的变化、城市功能结构的演化、城市规模的变更。

8.1 近代镇江城市形态变迁的特点

8.1.1 城市水系逐步萎缩

近代镇江的城市形态变迁始于运河的衰落，而运河衰落的最直接表现就是水道的逐渐淤塞和萎缩。在清末鸦片战争时期，镇江的运河仍然通航状况良好，且城内存在多条市河，充分体现了镇江在古代水运交通网络中的重要地位。但是在太平天国战争和黄河决口的共同影响下，运河漕运被迫中断并最终全面改为海运。在这种情况下，运河对于国家的重要性大大降低，因此尽管长江主泓改道使镇江一侧的航运条件不断恶化，政府也无心投入巨资进行运河的维护和修缮。租界时期运河的大京口河道尚可通航，到民国时期则已淤塞不可用，并最终在城市建设中被填埋成为道路。连接运河另一个入江口甘露港与小京口河道的运河支流也在近代逐渐淤塞并消失。到近代末期运河只有绕城而过，只有从小京口入江的一条航道还具备通航能力，但是同样少有人问津。

第八章　城市形态变迁与比较

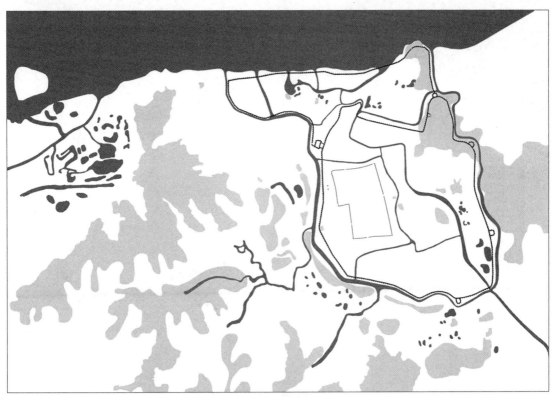

清末镇江水系分布

1910年代镇江水系分布

1930年代镇江水系分布

1940年代镇江水系分布

图 8-1 近代镇江水系分布演变
来源：自绘

除了运河主航道之外,镇江城内的市河水系也逐渐萎缩。原本围绕清代八旗驻地作为满城城壕的市河在清末民初的历次战争中消失,作为唐宋运河故道的关河也被局限在南水关与北水关之间,并在历次的填河筑路活动之后,成为若干段互不连通的死水。虽然在近代结束时关河仍然存在,但是关河作为城市交通水道的使命已经终结。实际上,1949年之后不久,关河就被彻底填塞,成为城市道路。失去了关河,镇江就失去了证明其作为运河城市悠久历史的最直接证据,这不能不说是镇江作为千年运河城市最严重的一次文脉损伤。

8.1.2 城市规模持续扩张

近代时期,镇江虽然失去了作为漕运中转站的交通枢纽地位,但是开埠使镇江成为长江下游最重要的港口之一,之后又有沪宁铁路在镇江设站以及江苏省会迁镇等重大事件的刺激,因此城市总体来说呈现出上升的发展势头。在这种背景下,近代镇江的城市规模得到显著扩张,其扩张的方向大致是由老城向以西津渡为核心的租界区扩展。

清末西津渡的繁盛带动了整个镇江的城市近代化,使城市的发展跳出了城墙的限制,形成了老城与西津渡两个核心。这种不连续的用地发展方式在城市形态学中称为"跳跃式生长"。镇江近代城市空间的跳跃式生长是近代中国特殊社会政治背景下的产物,以租界为核心的新城市中心形成之后,新的城市用地沿着连接新旧两个核心区的西门大街两侧呈带状生长,使城市呈现哑铃式的空间格局。

清末镇江城市规模

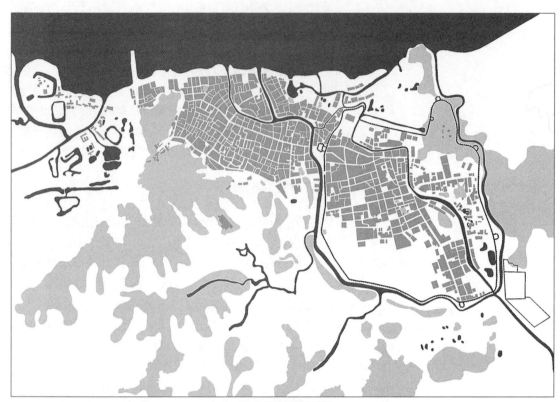
1910年代镇江城市规模

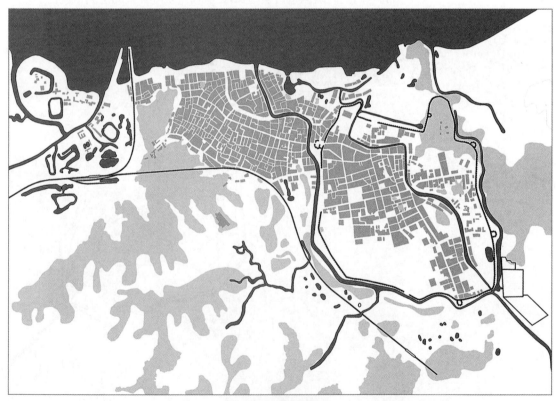
1930年代镇江城市规模

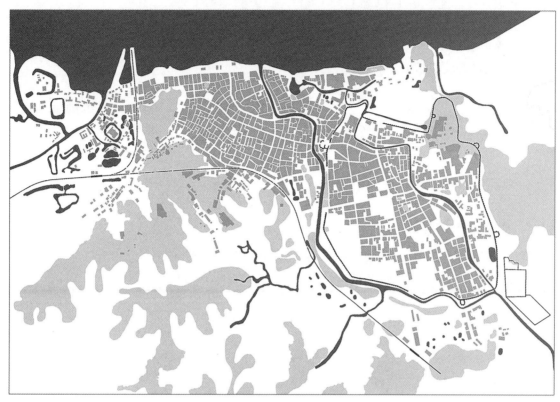

1940年代镇江城市规模

图 8-2 近代镇江城市规模演变
来源：自绘

沪宁铁路通车之后，进一步增强了城市西部的吸引力，也扩大了西部城区的范围。沪宁铁路镇江车站的位置在租界南侧，远离江边，铁路江边支线将二者联系在一起，无形中向南拓展了西部城区的腹地。民国时期新增的城区主要分布在镇江火车站与老城之间，沿新修筑的马路两侧分布。

城市规模的扩张在人口数量上能够得到最直接的反应。镇江在近代以前最盛的乾隆三十一年(1766年)有49 967丁，以一丁合四人计，约有20万人。自咸丰三年(1853年)至同治三年(1864年)的12年间，太平军和清军在境内及其附近战斗不断，人口大半流亡。据《光绪丹徒县志》记载，咸丰八年(1858年)丹徒有331 624人，到同治六年(1867年)只有107 611人。镇江辟为商埠后，逃亡外出人口逐渐返回，以租界为中心的西津渡一带形成了新的人口聚集区。到宣统三年(1911年)丹徒有92 577户，477 592人，其中城厢市达到20 372户，121 633人。民国期间，除抗日战争时镇江沦陷人口有较大幅度下降外，总体呈增长趋势(见下图)。至1948年，镇江县人口增加到513 436人，其中城区人口为213 693人。

镇江作为民国江苏省省会期间，是镇江城市规模增长最迅速的时期。据镇江民国时期档案史料记载，1928年省会迁镇之前，镇江的城市面积只有 4.22 平方千米,到 1937 年扩大到 19.25 平方千米,其中建成区面积至 1937 年达 6.75 平方千米;二是城市人口自省会迁镇以后逐年增加,1928 年统计人口为 136 807 人,到 1937 年增加到 216 803 人,增幅接近 70%。

图 8-3 民国时期镇江城区人口数量变迁图
来源:根据《镇江市志》民国时期丹徒(镇江)县城区部分年份户口统计表制作

8.1.3 街巷肌理逐步更新

修筑马路是近代时期大多数运河城市进行现代化建设的最主要成果,镇江也不例外。近代初期镇江的街巷肌理仍然是以运河及其故道为指向,具有鲜明的运河城市特点。租界建立后,西门大街作为连接租界和老城的主要干道,成为新的街巷系统的核心。之后,铁路车站又成为新修筑道路的集中点。到 1929 年镇江成为江苏省省会之后,从满足城市整体发展需要的角度,进行了系统的道路规划并最终初步完成了新的道路干线系统的建设。

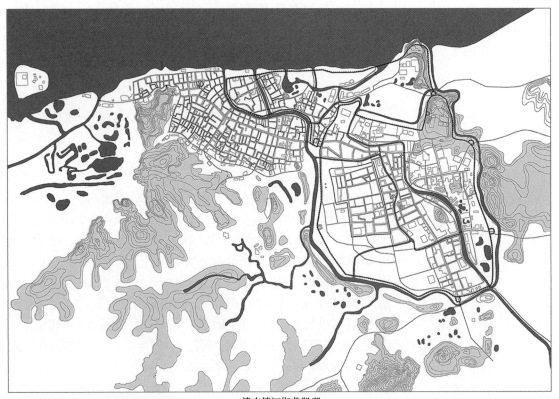

清末镇江街巷肌理

第八章 城市形态变迁与比较

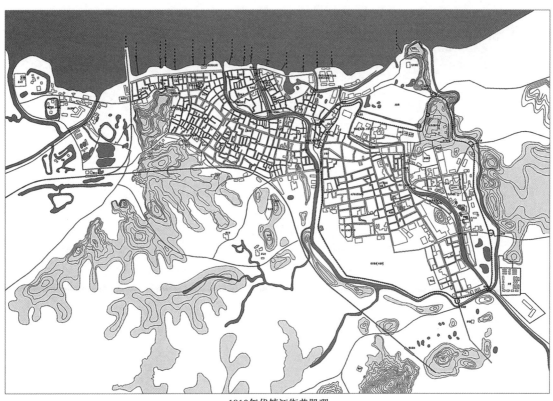
1910年代镇江街巷肌理

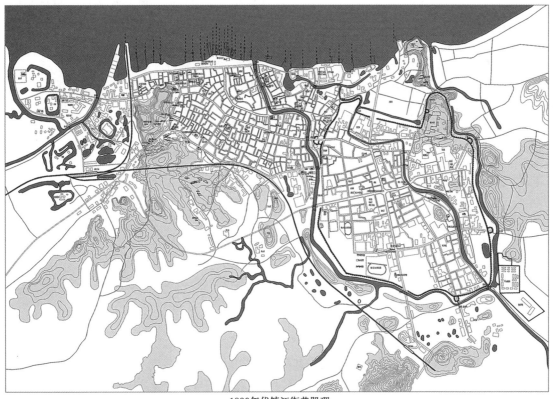
1930年代镇江街巷肌理

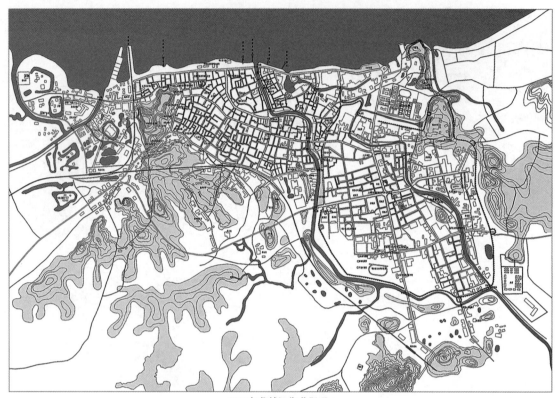

1940年代镇江街巷肌理

图 8-4　近代镇江街巷肌理演变
来源：自绘

规划之后的镇江街巷，在道路宽度方面被区分为若干等级，保障了干道的通行能力。分布形成了南北纵贯老城的中正路（解放路）和东西方向的主干道中山路。同时，新的街巷系统覆盖了当时镇江的几个核心区域。从火车站到城内行政中心，从沿江码头区到城内商业中心区，以及郊区各重要寺院与老城之间都建立起了便捷的联系。

8.1.4　功能布局显著变化

近代时期镇江的城市功能结构随着交通方式的变化和城市主导产业的改变而发生了巨大变化。原本长期作为府衙驻地的铁瓮城失去了政治中心的地位，成为教育用地；明清时期的八旗军队驻地和大教场、小教场也失去了军事用途，转变为体育场或其他公共设施用地；镇江的商业中心则数易其地，从近代初期位于新河街一带到租界建立之后的西津渡和西门大街沿线再到省会迁镇之后的老城中心大市口一带。另外，近代新兴的机器工业在镇江也有所发展，虽然没有形成具有一定规模的工业聚集区，但是在城西靠近火车站和小码头的新河两岸聚集了近代镇江最主要的几家工厂，为之后工业区的形成奠定了基础。

第八章 城市形态变迁与比较

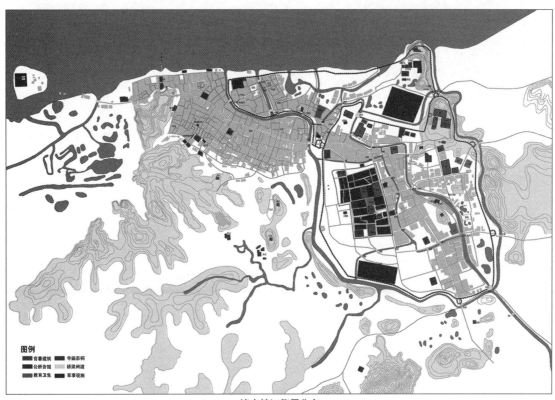

清末镇江衙署分布

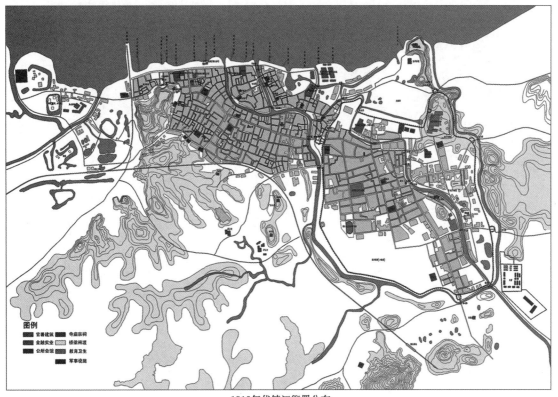

1910年代镇江衙署分布

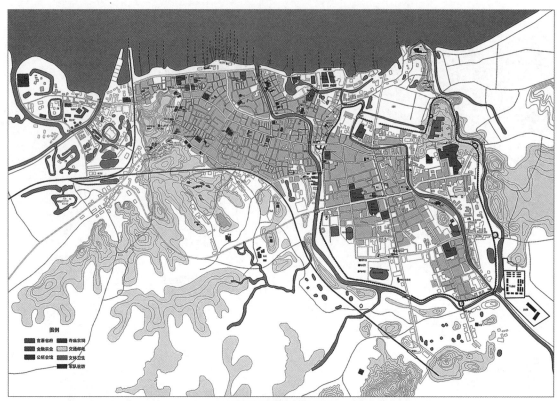

1930年代镇江衙署分布

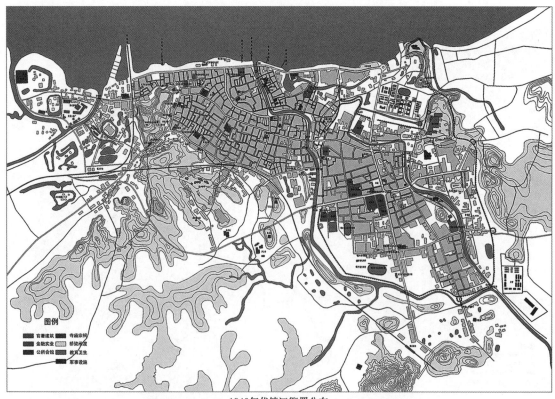

1940年代镇江衙署分布

图 8-5　近代镇江衙署建筑分布演变
来源：自绘

综上所述,整个近代时期,镇江城市形态变迁的特征可以总结为:城市水系萎缩、城市规模扩张、街巷肌理变化和功能结构演替。近代镇江城市的发展变迁实际是以西津渡地区为核心展开的。之后在民国时期,西津渡仍然保持着对城市空间的巨大影响,在周边区域初步形成了网格化的道路体系。因此,西津渡地区保留了最多镇江近代时期的城市印迹,同时也具有丰富的历史底蕴和文化内涵。在当前的快速城市化时期的城市建设中,对于镇江来说,如何做好对西津渡地区的保护和利用,全面发掘其内在的历史价值和文化价值,与城市发展的目标相结合,正是关键所在。

8.2 近代扬州城市形态变迁的特点

8.2.1 水系通航状况稳定

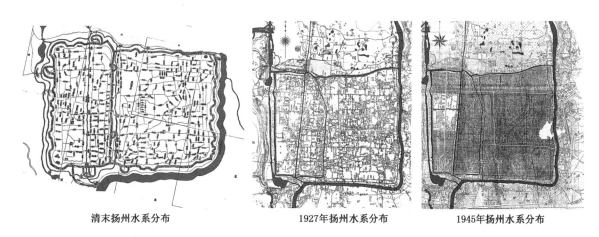

清末扬州水系分布　　　1927年扬州水系分布　　　1945年扬州水系分布

图 8-6　近代扬州水系分布演变
来源:自绘

相比镇江城市水系在近代受到长江泥沙淤积的影响,通航状况变差的情况,扬州的城市水系在近代通航能力基本保持了稳定。虽然长江主泓改道也对扬州产生了影响,但是由于扬州主城区距离长江北岸较远,因此只有沿江的瓜洲城和渡口受到了直接冲击,城市周边的运河和市河的通航状况都处于稳定的状态中。

8.2.2 城市规模基本不变

近代时期扬州由于经济衰落,自然也无法展开大规模的城市建设。在太平天国运动和抗日战争两次长时间对城市造成破坏之后,大量城区建筑被毁或被废弃。如图 8-7 所示,民国时期扬州的城市建成区范围也仅限于城墙以内和城门外有限的关厢地区。

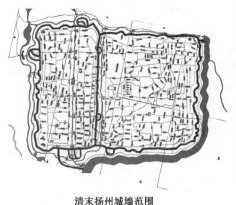 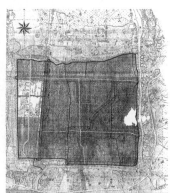

| 清末扬州城墙范围 | 1927年扬州城墙范围 | 1945年扬州城墙范围 |

图 8-7　近代扬州城墙范围演变
来源：自绘

8.2.3　街巷肌理保持稳定

在城市建设规模并不大的情况下，扬州的街巷肌理在近代时期也基本保持稳定。扬州城内修建的第一条马路——新马路出现于1937年，由于建设质量不佳，初期没有起到交通干道的作用，但是这条扬州第一条宽达12米的马路，也从此改变了扬州街巷的尺度。民国末期的规划方案中，提出在扬州修建3条城市主干道，就是以12米作为道路宽度的等级。

  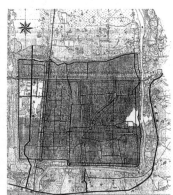

| 清光绪时期扬州街巷肌理 | 1927年扬州街巷肌理 | 1945年扬州街巷肌理 |

图 8-8　近代扬州街巷肌理演变
来源：自绘

8.2.4　功能布局发生变化

虽然从物质空间上来看，近代扬州的城市形态变化不大。但是，近代频繁而深刻的社会变革还是改变了扬州城市内部的功能布局。一方面,原本位于新城东南角的最繁华的盐商住宅区因盐业衰落而渐趋破败,这就导致扬州商业区的分布发生了变化;另一方面,原本集中于旧城的行政区和教育资源也在民国时期得到重新分配,使新旧城基本可以享受同等的教育资源。

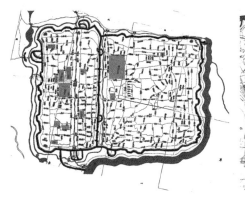  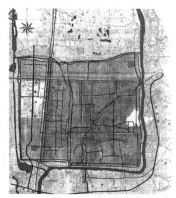

清末扬州文教设施分布　　1927年扬州文教设施分布　　1945年扬州文教设施分布

图 8-9　近代扬州文教设施分布演变
来源:自绘

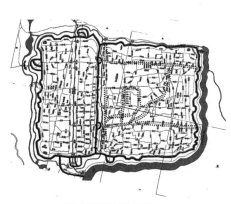  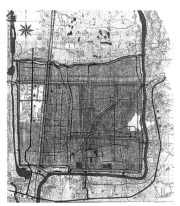

清末扬州商业分布　　1927年扬州商业分布　　1945年扬州商业分布

图 8-10　近代扬州商业分布演变
来源:自绘

8.3　近代镇江、扬州城市形态变迁的比较

将镇江和扬州这两座城市的近代形态变迁历程放在一起进行比较,可以发现原本具有许多共同特质的两座城市在近代由于受到外界影响的不同,走上了不同的发展道路。镇江在近代的城市转型过程中受益于通商开埠、铁路通车以及省会迁镇这三次重大事件的影响,城市经济一直保持相对繁荣;扬州则由于各种原因错过了铁

路的修筑,并且被甩出近代商业的中心区,沦为以上海为中心的对外贸易的附庸,城市经济一直难有起色。镇江在城市发展中不断扩大城区面积,甚至需要拆除城墙以修筑道路;而扬州在近代虽然也有个别工厂发展到了城墙以外,但是仅局限于城门外和运河沿线,没能形成新的城区。同时,分列长江两岸的两座城市在近代分别受到江水冲刷和泥沙淤积的影响,沿江港口呈现出驳岸塌陷与航道淤塞两种完全相反的状态。两座城市在近代唯一相同的是流经城市的运河都一直得以沿用,虽然通航能力与重要性都有所下降,但是与城市的关联依然十分紧密。

表8-1 镇江、扬州形态变迁比较表

城市	城市规模	街巷肌理	城市水系	功能布局
镇江	显著扩大,在老城以西出现新市区	大量新建道路,肌理逐步更新	逐步萎缩,通航能力下降	商业与政治中心迁移,变化十分明显
扬州	基本不变,局部突破城门	局部道路拓宽,维持原有肌理	状况良好,通航能力保持不变	局部功能替换,总体变化不大

来源:自绘

当我们将研究视角从镇江和扬州扩大到其他运河城市时,就不难发现,镇江和扬州的近代形态变迁过程并非孤例。实际上,镇江和扬州分别代表了近代运河城市的两种主流发展模式。

镇江模式的特点是:城市在外力作用下发生急剧变化,城市功能彻底转型。通常会出现替代运河对城市形态产生影响的新元素,如铁路或租界等。因此,城市形态变化通常较大,以铁路或租界为核心会发展出新市区。同时,会出现新的支柱产业替代旧有的经济核心。属于镇江模式的有天津、沧州、德州、徐州、镇江、常州、无锡、苏州、杭州等城市。前四座城市位于与大运河北方段基本平行的津浦铁路沿线,都成功地完成了从运河城市向铁路城市的转型。其中天津更由于本身属于北方良港,在开埠和设立租界之后成为近代中国最繁华的城市之一。后五座江南运河沿线的城市都受到了沪宁铁路的影响,城市发展的重心从运河沿线转为铁路沿线地区。但是,原本以运河为核心形成的经济体系也因受到铁路的影响而一落千丈。

扬州模式特点是:运河衰落后没有出现新的带动城市发展的因素,经济持续衰落,因而城市形态变化并不明显。城市用地规模往往不增反减,商业逐渐萎缩,因此城市现代化的转型十分缓慢。属于扬州模式的有:通州、临清、聊城、济宁、淮安、宿迁、扬州、嘉兴等。这些运河城市在近代都属于衰落城市的范畴,原本以运河为核心的支柱产业崩溃后,城市经济就很难再次复苏。这都要归结于依靠运河形成的经济结构过于单一化,使城市无法承受运河衰落的冲击。

8.4 小结：近代运河城市形态变迁的基本特征

总结近代镇江与扬州的城市形态变迁过程可以发现：中国大多数城市的近代转型是从农业社会向工业社会的转变，但是运河城市近代转型的基础是依靠运河发展起来的商业城市的近代化历程。这种近代化，伴随着运河的衰落和新兴交通方式的崛起，是一种以交通方式转型带动的城市转型。实际上，近代镇江与扬州的城市形态变迁的主线就是运河这一历史上对两座城市影响最大的要素逐渐退出历史舞台，被近代以来新兴的其他要素取代。

在近代以前，中国城市的政治功能要强于商业功能，因此城市形态的诸多因素都是围绕强化政权地位展开的。例如，城墙的存在一方面是"造郭以守民"思想的体现，另一方面也是统治者权威的象征；衙署机构则作为王权统治的代表一直是城市结构的核心所在。辛亥革命以后，随着封建帝王统治的结束，以王权为核心的城市结构开始解体，商业属性取代政治属性成为对城市结构最具影响力的因素。因此，近代城市功能结构开始围绕商业目的展开转变，旧的功能要素逐渐被抛弃，新的功能要素逐渐占据城市空间。

传统城市功能要素中首先被抛弃的是城墙。在近代战争中，由于火炮的发明，城墙的防御作用大大降低；而当战争结束后，日渐发达的商业对交通的需求不断提高，城墙又成为制约城市交通的瓶颈所在。所以在辛亥革命之后，由新兴政权主导，全国许多城市掀起了拆除城墙的热潮，比如近代商业重镇——汉口和上海。但是也有许多拆除城墙的城市并没有商业扩张的压力，这种行为很大程度上只是为了表达新政权的态度，一种破旧立新的象征，武昌、广州即为此例。运河城市中，只有杭州、无锡、天津、镇江这几个城市的城墙是在民国初期逐步拆除的，大部分运河城市由于商业衰落而延缓了这一过程。

民国初期各大城市在拆除城墙的同时，进行的另一项重大工程是修筑新的城市道路。这些城市道路有两大特点：1. 许多新修的道路就在城墙原址的基础上，绕城一周，形成天然的环城道路；2. 引进西方新技术，以柏油为路面材料，路面的宽度和平整度都远超以往。这些新的道路打破了传统城市中窄小的街巷体系，改变了城市的肌理，为城市结构转型奠定了基础。

城市肌理改变的同时，城市的功能区也在近代出现了巨大的改变。传统运河城市的商业区通常以运河码头为核心，分布在临近运河的区域。运河衰落之后，这些传统商业区也随之衰落。铁路等新兴交通方式取代了运河的地位，成为城市商业聚集的新核心。由于当时铁路车站大多位于老城以外，所以新兴的城市商业也随之突破了城墙的限制，形成了老城以外新的商业区。在设立租界的运河城市中，租界周边也形成了新的城市商业区。这些位于老城之外的新兴商业区改变了传统城市的单中心结构,扩大了城市范围。辛亥革命以后,随着这些商业中心持续增长,许多运河城市呈现出二元中心的结构。

同时,民国初期是中国民族工业第一次大发展的时期。机器工业逐步取代手工业,成为城市经济的支柱产业之一。因此,在工业发展水平较高的城市中,逐渐形成了工厂相对集中的区域——工业区。工业区的出现为近代城市增添了新的结构要素,成为城市形态转型的直接原因之一。运河城市中,无锡和天津都建立了发达的近代工业,经过民国初期的迅速发展,形成了大面积的工业区,城市形态也因此呈现出显著的变化。

在运河城市近代转型的过程中,建筑形式的改变是城市面貌转变最直观的体现。民国初期,随着城市经济的不断增长,由西方引入的现代建筑技术以及建筑样式得到了广泛运用。城市中开始出现大量使用新结构、新材料的现代建筑,独立住宅、政府大楼、医院、大型商场、游乐场等钢筋混凝土结构的新式建筑在城市中越来越多,砖木结构、体量低矮的传统建筑逐渐被取代。在上海这座近代最繁华的城市里,建筑式样已经完全与西方最流行的建筑风格同步。运河城市中,虽然受制于城市的经济实力,新式建筑数量不多,但大多是重要的公共建筑,且位于城市的繁华地段,一出现就成为城市的标志性建筑。

第九章 城市形态变迁影响因素

本章在前文对镇江和扬州城市形态变迁的过程和特点展开阐述之后,通过归纳总结,提炼了两座城市近代城市形态变迁的主要影响因素。一般来说,城市空间形态的变迁是受到包括自然环境、社会文化等多重因素的共同影响,最终呈现出一种合力的作用结果。但是对于运河城市来说,运河在近代以前一直是影响城市形态的绝对主导因素。然而在历时百年且充满变革的近代时期,运河对城市的影响力大幅下降,同时社会文化、生产技术等方面产生了剧烈的变化,频繁的战争更是在短时间内直接改变了城市的空间形态。因此,本章采用多影响因素分析法,从建设环境、交通方式、军事政治以及社会文化等多角度对镇江和扬州近代城市形态变迁的影响因素及其作用方式展开分析,并试图探索这些影响因素如何综合作用于城市的空间形态。

9.1 长期影响因素:建设环境

城市的产生和发展,总是受到特定建设环境的制约。其中建设环境可分为自然环境和历史环境两类:自然环境指山川、河流等自然因素,是城市发展的物质基础;历史环境指城市在发展历程中各阶段遗留下的痕迹,同样也对城市形态的变迁影响深刻。

9.1.1 自然环境的制约

对于运河城市来说,运河对城市形态的影响力无疑是最大的。运河本身作为一条纵贯南北的人工河流,又不可避免地要受到其他自然河流的影响。中国三大自然水系——黄河、长江、淮河都与运河相交,运河的通航状况与这三条自然河流的运行状况息息相关。当长江、黄河、淮水比较平静的时期,运河的通航能力就相对较高,就可以带动运河城市的经济发展；相反当黄河、长江泛滥或改道时，运河的通航条件就急剧变差，运河城市的命运也就随之发生剧变。近代运河城市的衰落就与这几条自然河流密切相关。

咸丰五年(1855年)，黄河在铜瓦厢决堤，冲断了山东临清至济宁之间的运河河道，使运河南北航运被迫中断。这次黄河水灾是导致清末京杭运河丧失通航能力的直接原因，也是运河城市由繁荣走向衰落的转折点。水灾之后，黄河结束了明清时期和淮河共用入海通道的局面，改为从山东入海，但泥沙却留在与淮河共用的故道上，导致淮河入海不畅。此后，淮河下游不再直接入海，而是改为从淮扬运河入江，大大增加了运河河道的负担。近代时期每逢淮河涨水，淮扬运河就频繁漫决。而淮扬运河以东的里下河地区地势低洼，一旦运河决堤，里下河地区就变为一片汪洋。整个近代时期，扬州周边频受水灾之患。这也是导致扬州近代一直财政紧张，城市建设数量极少的主要原因之一。

长江也在近代成为制约镇江和扬州城市发展的不利因素。清康熙以后长江主泓南移，对长期南冲北淤所形成的北岸沙洲和南岸良港都产生了严重影响。近代时期镇江、扬州之间的长江呈现南淤北冲的态势，造成北岸淤积多年、早已成为陆地的瓜洲临江部分被江水冲垮，再度沦入大江之中；而南岸镇江的沿江港口区外则逐渐形成大规模的沙洲，堵塞了港口航道。在这种不利的自然条件下，镇江一侧的港口航运条件急剧下降。江南运河的几个入江口门中，大京口、甘露港在清末已经淤塞，小京口也濒临断流，难以通航。只有城外的谏壁口还可以勉强通航，但远离城区，且受江潮影响，航运条件并不稳定。

这样，继运河北段在临清和台儿庄之间中断之后，江南运河与江北淮扬运河之间的航运也濒于中断，整个大运河被分隔成三段彼此独立的河道，分别服务于镇江至杭州的江南地区、扬州至淮安的淮扬地区和天津到德州之间的河北地区，再也无法承担南北之间的物资交换职能。运河沿线城市的交通区位优势因此一落千丈，商业活动急剧萎缩，再也不复昔日的繁华。

9.1.2 历史环境的制约

镇江与扬州在近代的城市发展都没有完全脱离具有悠久历史的老城区，因此两座城市近代的城市形态包含有城市各时期历史遗存的丰富信息。镇江由城墙所限定的原府城区域虽然短时期内被租界取代了城市中心的地位，但是江苏省会迁镇使老城再次成为城市的中心。扬州则由于缺少外力的影响，在整个近代时期始终没能在城墙之外有所发展。

另外，历史遗留的街巷肌理和功能布局都制约了近代城市形态变化的幅度。综观镇江和扬州的近代规划，新的街道大多是在旧有街巷基础上的扩建，并实际上强化了原有街巷系统对城市形态的控制力。城市的功能布局受城市功能定位与产业兴衰的影响较大,近代镇江和扬州失去了商业中心的地位,但依然是地方行政中心,因此政治军事功能在城市功能区中仍占有较大的比重。由于新兴的工业比较薄弱,都未能形成有规模的工业区。

9.2 短期影响因素:军事政治

9.2.1 战争的直接与间接破坏

战争对城市的破坏无疑是巨大的,尤其是近代以来,战争从冷兵器时代进化到枪炮时代,其对城市的破坏力大增,繁华的城市在一场战火之后,就可能被夷为平地。而近代中国的百年,又是战争频发的百年,运河城市无可避免地受到了战争的巨大破坏。同时,近代战争的结局又往往会带来政治上的巨大影响,改变城市的命运。近代战争中对运河城市影响最大的是鸦片战争、太平天国运动以及抗日战争。其中两次鸦片战争由于主战场在沿海地区,只对个别运河城市产生过直接破坏,主要是间接破坏了运河城市的传统贸易格局。太平天国战争和抗日战争期间,大多数运河城市都曾经长期沦为战场,饱受战火的直接破坏。

1) 鸦片战争的影响

在中国近代史上曾经发生过两次鸦片战争。1840—1842 年的中英第一次鸦片战争被称为中国近代史的开端,中国从此进入半封建半殖民地社会;1856—1860 年的第二次鸦片战争则被认为是深化了中国社会的半封建半殖民地程度。但是,不同于传统意义上以领土占领为目的的侵略战争,两次鸦片战争实质上是贸易之战,扩大对华商业贸易才是这两次战争的根本目的。在战后所签订的一系列条约中,其中最核心的条款都与商业贸易有关。

1842 年第一次鸦片战争之后,中英签订了《南京条约》。其中规定,开放广州、厦门、福州、宁波、上海五处为通商口岸,实行自由贸易。这一事件后来被称为"五口通商",标志着当时闭关锁国的中国被迫向世界开启了门户。在《南京条约》后续订的《中英五口通商章程》和《五口通商附粘善后条款》(亦称《虎门条约》)中,英国人相继取得了协定关税、治外法权(领事裁判权,中外人民诉讼各按本国法律管理)、划定租界、片面的最惠国待遇(利益均沾)、军舰停泊口岸等特权。之后列强不欲英国坐大,纷纷与中国签订更多不平等条约,要求享有和英国同样的权利。1844 年 7 月 3 日,中美签订《中美望厦条约》;1844 年 10 月 24 日,法国与中国签订《黄埔条约》,都获得了英国在中国的一切特权。

1856 年,英美不满足于在华已经取得的利益和特权,向清政府提出全面修改《南京条约》的要求。主要内容为：中国全境开放通商，鸦片贸易合法化，进出口货物免交子口税，外国公使常驻北京等。在遭到清政府拒绝之后，寻衅挑起战争。这次战争的实质是鸦片战争的继续和扩大，因此被称为第二次鸦片战争。天津和北京都在这次战争中被英法联军攻占，圆明园也在被大肆劫掠之后付之一炬。战后，清政府被迫签订了《天津条约》和《北京条约》。其中《中英天津条约》中规定增开汉口、九江、南京、镇江、天津等为通商口岸，并允许外国商船在长江各口岸往来。

随着长江沿线各口岸的开放，大量西方货物沿长江涌入中国内地市场。天津成为通商口岸以后，西方对华贸易的范围进一步从南方扩展到北方，在沿海各通商口岸城市之间形成了联系密切的贸易通道。这样一来，大运河在中国传统贸易中的路线垄断优势被打破，这对于众多位于运河沿线的传统商业城市来说，无异于釜底抽薪。上海、天津、汉口等开埠城市，在鸦片战争后迅速崛起为近代中国的商业中心和枢纽城市，取代了扬州、临清等运河城市在商业贸易中的地位。因此，《南京条约》及之后一系列相关协定，改变了清代闭关锁国的内向型经济模式，通商港口的开放使中国与西方之间的对外贸易额大增，整个运河城市群都受到了这一事件的长远影响。

在两次鸦片战争中，由于西方侵略者的进攻路线主要是沿海一路北上，受到战争直接破坏的运河城市不多，但是两次鸦片战争的终结都与运河城市有关。第一次鸦片战争的最后一战是镇江攻防战，恩格斯在分析英军的动机时认为"采取这种进攻步骤的用意是：夺取这条重要水道（指京杭大运河）就是置北京于死地，并逼迫清帝立即讲和"[1]。果不其然，7月21日镇江被攻陷之后，江南的漕粮无法北运，北京的粮食供应中断，8月初清政府就被迫在南京的静海寺与英国政府议约。第二次鸦片战争中，英法联军先后攻入天津和北京城内，在北京城郊抢掠烧杀近50天，发生了震惊世界的"火烧圆明园"恶性事件，给两座城市造成巨大破坏。

2）太平天国运动的影响

太平天国农民运动爆发于两次鸦片战争之间。从1851年太平军从广西兴起，1853年定都南京，之后十余年间，太平军一直在江南与清军展开拉锯战，这给江南经济、社会带来了严重影响。特别是江南运河沿线的城市，由于经济较为富足，成为太平军的重点攻占目标。苏州、杭州等繁华的商业中心城市，都在战争中受到严重的破坏，从此元气大伤。据曹树基先生的研究，太平天国战争前后，江南地区的人口数量大幅下降。在太平天国长期占领的南京和镇江，人口下降幅度超过70%。

---

1 恩格斯：《英人对华的新远征》。

表 9-1 太平天国战争前后江苏各府人口变化表　单位:万人

州府	1851年人口	1865年人口	人口增减	变化幅度
苏州府	654.1	228.9	－425.2	－65.0%
松江府	293.0	263.0	－30.0	－10.2%
太仓州	196.9	145.0	－51.9	－26.4%
常州府	431.4	167.2	－264.2	－61.2%
镇江府	247.5	51.9	－195.6	－79.0%
扬州府	789.8	616.0	－173.8	－22.0%
江宁府	452.9	108.7	－344.2	－76.0%
总计	3 065.6	1 580.7	－1 484.9	－48.4%

来源:曹树基《中国人口史》

太平天国运动是江南运河城市彻底陷入衰落的直接原因。持续十四年的太平天国运动,对江南地区的城市直接造成了巨大的破坏。尤其是对于江南运河沿线城市来说,造成的破坏是持久的。实际上,这些城市都再也没能恢复到以前的繁盛。而江北的运河城市,虽然大多没有直接受到战争的破坏,但是由于太平军截断了运河交通,导致江北运河长期无法与江南通航,使得这些城市失去了经济增长的动力,同样导致了城市的衰落。同时,战争导致的庞大军费支出也使得清政府在战后无力组织运河疏浚和维护,不得不以海运作为漕粮运输的主要方式,并最终在1901年终止了整个漕运事业。

3) 抗日战争的影响

抗日战争全面爆发于1937年,席卷了大半个中国,东部半壁河山沦入敌手。据统计,当时有340多座城市被日军占领,遭到疯狂掠夺和破坏,较为富庶的运河城市受到的破坏尤其严重。1937年12月,日军入据镇江后,烧毁房屋达16 700间,全城无家不破,无室不空,毁坏财物不计其数,杀戮生命无从统计[1]。无锡"数十年经营惨淡之商场悉成瓦砾,血汗所得之资尽付东流。盖自无锡车站至城垣及城垣周围三十里之内,莫不被劫,有连劫七八次者",致使"全邑工厂商场全部停顿,而人民颠沛流离于境外者,欲归不得,欲留也不得"[2]。

但是同时,日本侵略者出于军事需要以及长期占领的目的,对于一些重要城市也进行了规划和建设。例如日军占领上海之后不久,就开始着手进行城市规划,并组织了12人的都市规划技术小组专门负责。规划以原"大上海都市规划"中的新市中心为中心,重新划分了十类功能区。在占领天津期间,日本侵略者也制定了规划。但是同样由于战争的影响,这些规划在日本占领期间只实施了很小一部分,到日本投降随即中止,对城市形态的影响较小。

十四年的抗日战争不但给近代城市的物质形态带来极大破坏,也使中国近代城市刚刚起步的发展势头戛然而止。许多城市于民国初期制定的城市规划还未来得及实施或者只形成了道路框架,就

---

[1] 张怿伯:《镇江沦陷记》,江苏人民出版社2007年版。
[2] 江苏省社会科学院"江苏史纲"课题组:《江苏史纲》(近代卷),江苏古籍出版社1993年版。

被战争强行中断。无论是当时最大的两座城市上海、天津还是民国首都南京,其近代城市格局都定型于抗日战争爆发之前,之后再无发展。只有重庆作为抗日战争时期的民国首都,反而获得了空前的发展。本文所涉及的运河城市,其近代转型同样终结于1937年。因此许多运河城市的近代转型是不完整的,并没有形成近代城市的完整格局,依然保留了较多的传统城市的痕迹。

9.2.2 政策与制度的变革

在之前几章的论述中,已经提到了影响镇江与扬州城市形态变迁的若干重大历史事件,其背后往往是政治因素在起作用。尤其是在近代时期各方面政治势力轮番登台的情况下,政策与制度的变革十分频繁,城市的命运也因此跌宕起伏。

1) 清末漕运制度的终结

运河因黄河决口而断航,在近代以前曾经多次出现过类似的状况,但以往每次运河城市都能很快恢复兴盛,其根本原因在于漕运制度的存在保障了运河在国家经济中的地位。然而到了近代,这一支撑运河以及运河城市繁荣的政策在诸多因素影响下发生了根本性的变革,并最终走向了终结。运河城市近代的形态变迁始于运河的衰落,而运河的衰落则源于漕运制度的变革。清末漕运制度的改革始于太平天国运动时期。当时太平军占领了中国东南部的大部分地区,不仅控制了清王朝的财赋供应地,还切断了运河漕运线路,从而在经济上卡住了清王朝的脖子。在漕运中断的形势下,清政府被迫将南方漕粮的大部分折为银钱征收,留充镇压农民起义的军饷。如江西省的全部漕粮都折银用于军费,特别是支持湘军之用。但太平天国失败后,南方包括漕粮折款在内的大部分收入,仍被各军阀和地方势力以"济军饷"为名继续把持,而不上交中央。

1872年,洋务派在上海成立了轮船招商局,并包揽了全部剩余漕粮的北运业务,以新式海轮取代了旧式帆船。但这时漕运的规模已经大为缩小,漕粮折钱比例远远超过漕运正额,并且沦为地方所有,这是宋代以来统一王朝所未有过的现象。到1901年,由于军费开支以及战争赔款等费用大幅增加,清政府的财政状况极度恶化,对于维持轮船招商局所承担的漕粮运输也深感困难。于是,清廷宣布将漕粮全部改为现钱征收,这就是清末漕运制度的最大变革——"漕粮改折"。

虽然从保存下来的清代档案来看,这一上谕颁布之后,因遭到王公贵族和八旗兵丁的反对并未得到真正执行,每年仍有约百万石的漕米通过海运进京,但漕运的式微已经不可逆转。对于当时正处于断航中的大运河来说,"漕粮改折"政策的出台等同于宣布放弃恢复大运河的可能性。对于运河沿线的城市来说,这也就意味着城市赖以生存和发展的经济支柱彻底倒塌。因此,"漕粮改折"也被称为漕运走向终结以及运河城市退出历史舞台的标志。

2）国民政府的城建方针

辛亥革命之后，清朝灭亡。1912年1月1日中华民国于南京成立，并组成了以孙中山为首的临时政府。民国政府的成立不仅是政治制度的改变——长达两千年的封建王朝统治被打破，而且在经济建设以及社会生活的各方面都带来了全新的观念，开启了"千古未有之大变局"。

临时大总统孙中山从上任伊始，就将发展实业作为国家头等大事，强调"实业为民国将来生存命脉"，并宣布改订商法及"改良财政，蠲除工商业种种限制"。在制度层面，各地纷纷建立新式政权，模仿当时西方的政治制度建立政府，并改县为市，又陆续出台和修订了一批有关市制的法律法规。市政厅取代了县衙成为管理城市的最高机构，现代市政管理体系逐步建立起来。煤气、自来水、电力、电报、电话、室内交通、下水道、卫生设备等现代市政基础设施在各大城市中得到长足发展，城市生产和生活环境得到很大改善。

在运河城市中，制度变化同样正在发生。对于历代王朝都作为"国之大事"的漕运事业，民国政府却全无恢复的意图。究其原因，当时铁路已经取代运河成为物资运输的主要途径，政府已经没有必要投入大量人力物力去恢复运河的运输功能。虽然在孙中山先生撰写的《实业计划》[1]中，专列了建设内河商埠一节，详细论述了改良运河、大力发展水上交通等设想。但受限于当时国家经济实力，这一想法终究无法实现。大多数运河城市已陷入经济衰落，无力支撑大规模的市政基础设施建设。现代城市建设理念的普及，城市制度的变更已经决定了运河城市近代化的基调，传统城市格局从此一步步走向消亡。

1928年南京国民政府成立以后，全国各大城市先后进行了全面的都市计划，以西方城市规划的理念划定功能分区并调整城市的道路格局。这一时期是中国城市近代化发展最迅速的时期，许多城市的空间形态产生了剧烈变化。各运河城市先后制定了第一部城市计划法案，并逐步实施。虽然经济实力已经衰退，但是经过一段时间的城市建设，也开始慢慢步入现代化。

9.3 根本影响因素：经济技术

前面所述的运河河道淤塞以及战争破坏等影响因素都属于外部因素，真正导致运河城市近代命运转折、城市形态发生根本转变的是城市自身内部因素的改变。其中，近代经济技术水平的提高是导致运河城市丧失交通枢纽地位并最终发生功能转型的根本原因。

---

[1] 《实业计划》是孙中山为建设一个完整的资产阶级共和国而勾画的蓝图，最初用英文写作而成，原名"The International Development of China"，1919年2月完稿，发表于1919年6月号《远东时报》，后编为《建国方略之二：物质建设》。

9.3.1 区位优势的丧失

1）海运的冲击

在元代以前,中国的海运以对外贸易为主,与运河各司其职,不存在互相竞争关系。元初,南北运河尚未沟通,水陆转运困难,难以满足京城的粮食需求,第一次实行了漕粮海运。世祖至元十九年(1282年),丞相伯颜据元初曾有海道载运宋朝库藏图籍的旧事,命上海总管罗璧、朱清、张瑄等,造平底船60艘,首次海运粮4.6万石[1]。此后由于修筑会通河工程浩大,延续达20年之久,海运漕粮的数量逐年增加,到天历二年(1329年)已增加到334万余石。明初仍有漕粮海运,但鉴于海船失事时有所闻,自会通河建成,永乐十三年(1415年)起停止海运,全部漕粮都由河运。自此直至清末的400多年间,漕运的路线一直相对固定,因此沿京杭大运河形成一系列运河城市。

但是,明清时期京杭大运河一直受黄河夺淮的影响,屡有淤塞,到清末不得已重提海运的方法。清代首次试行漕粮海运是在道光六年(1826年),以沙船等大型木帆船为运载工具,漕船集中于现上海附近,运往天津。因效果极佳,之后数次增加海运的数量。但由于当时海禁已久,朝臣之中对于海运一直存在反对的声音,所以没能成为定例,也没有对运河城市的交通地位产生影响。

到咸丰五年(1855年),黄河改道由大清河入海,在张秋冲断运河,导致漕运中断。又值太平军占领了扬州、镇江等运河要地,使清政府无法进行运河治理,遂又起海运之议。这时的中国与西方世界接触已久,海运事业受到西方现代科技的影响,轮船已经取代了中国传统的沙船和木帆船,成为主要的运载工具。只不过当时的轮船大都为外资公司所有,无法征调用来进行漕运。同治十一年(1872年),李鸿章成立轮船招商局,以轮船从海路试运漕粮并获得成功。随后,他正式向皇帝建议舍弃运河,漕粮全部改用海运,最终得到了皇帝的许可。从此直到光绪二十七年(1901年)漕运全面停止,海运成为漕粮运输的主要形式。从1873年至1902年,招商局所运漕粮总量为3770万石,约占这一时期漕运总量的一半。

漕粮海运的实施,使运河丧失了漕粮运输的职能,运河沿线城市也失去了由此带来的巨大商业利益。更为严重的是,随着海运地位的确立,清政府就不再花大力气对运河进行整治,致使运河河身日浅,河道逐渐干涸,彻底丧失了航运能力。在这种情况下,城市中因运河而兴起的各种商铺纷纷倒闭。经济基础受到重创之后,城市的人口规模也大幅下降。以淮安附近的清江浦为例,在乾隆年间其鼎盛时人口多达54万人,到宣统三年(1911年)清江浦人口已不及10万人,1949年新中国成立时,清江浦人口仅剩3.6万[2]。

除了取代运河最重要的漕粮运输业务以外,近代海运对运河城

---

[1]《元史·食货志一》。
[2]《淮阴市志》。

市的另一个影响是改变了国内贸易路线的走向。在实行严格海禁政策的明清时期,运河就是南北商品交换的主要通道,海运一方面受到国家政策限制,另一方面船只也难以抵抗海面的风浪。近代蒸汽轮船由西方引入中国之后,凭借其大运载量和优秀的抵抗风浪能力迅速取代了中国传统的木帆船,成为沿海贸易的主要交通工具。轮船的普及,大大增加了沿海贸易的规模和安全性。因此,近代国内南北物资交流的主要通道,也由运河向海路转移。大批商品物资流向沿海的各港口城市,原本沿运河形成的商品交换路线被以港口为导向的沿海贸易取代,运河城市的交通地位和商业价值进一步下降。这样,运河城市在失去漕粮转运的功能之后,又失去了贸易物资转运的功能,彻底陷入衰落。

总的来说,近代海运从两个方面对运河城市的衰落产生了影响:一方面是海运取代运河,成为漕粮运输的主要方式,使运河沿线城市直接失去了最大宗的物资转运;另一方面轮船的出现和对外贸易的兴起使沿海贸易和运输规模大幅增长,港口城市取代运河城市成为商品交换的主要目的地。

2) 铁路时代的来临

到 1911 年,中国境内铁路先后建成通车,初步形成了遍布全国的铁路运输网。铁路的出现大大提高了客货运输的效率,并彻底改变了近代中国的交通方式和交通格局。对于货物运输来说,由于其运量大、速度快,很少受天气影响且运价较低,很快成为当时长途货运的主要方式。对于旅客出行来说,快速便捷的铁路交通加强了地区之间的联系,促进了人口流动,特别是农村人口向城市的流动。即使是在水路交通特别发达的江南地区,这种改变也是很明显的。沪宁铁路通车之前,从苏州到上海,"走水路有小火轮,十三四小时可达"。1908 年沪宁铁路通车之后,这段路程所需的时间缩短为两个半小时。上海和南京之间,也有了夕发朝至(晚十一点发车,第二天早晨七八点抵达)的可能。

面对铁路在交通运输上的巨大优势,运河交通毫无竞争之力,很快被前者取代。特别是与运河平行的津浦铁路和沪宁铁路建成通车之后,原本经运河运输的货物改由铁路输送,导致许多运河城市从此一蹶不振,再难恢复昔日的光彩。在京杭运河北段的城市中,位于运河最北端的通州原本是水运货物进京的必经之地,商业十分繁华,铁路通到北京之后,水运大衰,通州也就随之衰落下去,而原本仅仅是个集镇的丰台,却因成为铁路枢纽而兴盛起来。山东境内的聊城、济宁和苏北地区的宿迁、淮安、扬州这些运河城市也同样因津浦铁路的开通而失去了交通优势,迅速衰落下去。只有天津因铁路受益,在近代大放光彩。天津当时有京奉、京汉、京张、正太、津浦五条铁路经过,其经济腹地包括整个西北、华北以及部分中原地区,且拥有良好的海港,因此在近代迅速发展为仅次于上海的第二大城市。

在京杭运河南段的城市中,情况略有不同。由于沪宁铁路与运河的走向基本一致,大多数城市兼有铁路与运河之利,经济更加繁荣。但是运河的重要性已经大大下降,城市中运河沿线区域逐渐趋于衰败,铁路周边区域则呈现出明显的上升态势。传统城市的格局因此发生变化,这也正是本文试图讨论的重点。

9.3.2 城市功能的转变

由运河淤塞而导致丧失了交通区位的优势是运河城市在近代走向衰败的直接原因,但是没能在近代完成产业结构转型才是大多数运河城市从此一蹶不振的根本原因。中国的近代不仅是政治发生变革,经济结构也发生了根本的转变。随着西方工业技术的传入,城市由纯粹的政治中心和消费中心转变为生产中心,城市商业贸易的对象由农产品或手工产品转为工业产品。

城市功能和结构是紧密相关的,城市功能的变化是结构变化的先导,同时它决定结构的变异与重组。美国城市理论家刘易斯·芒福德(Lewis Mumford)说过:"城市的功能和目的缔造了城市的结构,但城市的结构却较这些功能和目的更为经久。"城市结构的调整必然促使城市功能的转换,两者相互促进,推动城市的发展。

在近代时期,运河城市面临着城市功能的重大转变。城市功能的重塑导致了城市结构的调整和完善。城市功能是主导的、本质的,是城市发展的动力因素。城市结构是内涵的、抽象的,是城市构成的主体。城市形态是表象的,表现了城市空间形式的特征,是在特定的地理环境和一定的社会经济发展阶段中,人类各种活动与自然环境因素相互作用的综合结果。城市形态的变化是城市发展轨迹的缩影,是探求城市发展规律的重要方面。

9.4 潜在影响因素:社会文化

9.4.1 外来文化的冲击

近代是中国历史上的重要转型时期,这种转型表现在社会、思想、文化和生活等各个方面的深刻变化上。不可否认的历史事实是,中国近代的城市化始终与被动的开埠通商联系在一起。在西方文化的冲击下,中国数千年来的旧传统与旧体制随之崩溃瓦解,新思想、新文化都在其中应运而生。近代中国在西方工业文明的冲击之下,产生了一系列社会变革,不仅政治、经济制度发生了巨变,社会机制以及意识形态也产生了内在的变化。

本质上,近代中国的城市变迁就是传统农业社会向现代工业社会的过渡或转型的具体反应。这一现代化的历史过程从地域范围来看,表现为从沿海城市向内地城市,从通商口岸向非通商口岸城市推进的空间规律。在纵贯中国东部的运河城市带中,除了通商开埠并设立租界的天津和镇江之外,大多同扬州一样,城市现代化的脚步严重滞后。在某种程度上来说,缺乏外来文化的刺激,可以看作是运河城市从传统向现代转型进程迟缓的主要原因之一。

9.4.2 保守观念的阻碍

扬州在近代城市转型中的落后,都与当地居民思想陈旧、意识保守有关。其表现有三:首先是没有近代的竞争意识。面对近代落伍于时代的状况丝毫没有危机感,也没有进行创新或寻找新的增长点的冲动,无心去发展产业,创造符合时代潮流的新事业。其次是缺乏开放理念,精明而不高明。为守住自己的一点小利,而拒绝可以获得更大利润的新事物。外地实业家来扬州创办电厂,就多次受到扬州绅商的阻碍。就连修筑公路,都被沿线群众以担心破坏风水为由坚决反对。再者是商界资金流向的保守。清末民初扬州的商业巨头们大都无意在家乡投资实业,而是宁可转向他乡。这一方面是商人逐利心理的逻辑必然,担心扬州交通不便,投资不能获得巨额利润,另一方面也表明了扬州商业资本的游离性以及商人对扬州发展的保守意识。

在中国的古代文献及诗词中,扬州一直被描述成江南城市,只有到近代,特别是民国以后,扬州才变成了苏北城市。上海全面取代了扬州的地位,成为扬州在各方面的示范。面对这种无可奈何的事实,扬州人失落了,但"仍旧认为运河是很大的",不敢面对自己的弱势,不能对上海的示范积极地吸收并消化。

近代扬州经济已经没有了旧时的繁华,但扬州人仍保留着一份繁荣的虚气框架,而沉醉在一些"高尚消遣"之中。富商巨贾都以商业贸易为生存手段,巨额的资金少有投入生产领域或制造业,而是投资商业及消费。在豪商当年奢华的生活作风的影响下,涉世未深的市井少年,只是病态地模仿,不思事业和进取,只贪图享乐、追求风花雪月,斗奢夸富。扬州的妇女也不事生产,因此近代在其他江南城镇勃发的棉纺织工业在扬州迟迟未能发展起来。

9.5 小结:运河时代的终结

总之,镇江与扬州近代城市形态的变迁是受到在当时的建设环境、军事政治、经济技术、社会文化等多因素的综合影响,最终形成一个历史阶段独特的物质文化景观。同时,前一阶段的空间形态积淀又会直接影响到下一阶段,并在演变中逐步调整以适合后继的社会环境需要。在近代,镇江与扬州处于社会变革的洪流之中,面临着自然环境与社会环境的双重变革,只能被动地发生变迁。首先是运河城市赖以生存发展的运河受到自然环境变迁的影响而衰落，传统的经济基础和生产结构被破坏；近代商业体系建立之后，开埠通商的镇江融入新的商业模式中，形成了城市发展的新动力和新特征，扬州则被甩出贸易体系之外；另外，现代交通和营造技术的引入，也对城市空间布局和形态特征的演化产生了重大影响。

对于运河城市整体来说，由于运河在南、北方的地理条件差异巨大，沿线各城市所遭遇的历史机遇也不尽相同，最终导致原本具有高度相似性的运河城市在近代以后走向了截然不同的归宿。在运河南北两端，天津和宁波作为为数不多的滨海城市，在近代海外贸易大发展的背景下逐步由运河城市向海港城市转变；在临清以北的运河沿线，虽然运河仍然能够通航，但由于平行于运河的津浦铁路存在，运河的运输作用几乎被完全取代，因此以沧州、德州、通州为代表的北方运河城市处于持续的衰落状态，但运河在城市中仍然存在；在临清至聊城段的运河沿线，由于受黄河改道影响已完全被淤塞，无法恢复航运，运河沿线几个原本最为兴盛的运河城市完全消失；聊城以南直至杭州的运河仍然保持通航能力，但无论是长江以北的淮安、扬州还是江南的镇江、常州、无锡、苏州、嘉兴、杭州，城市的发展都逐渐脱离运河的影响。

第十章 结论与思考

　　从春秋时期一直到清末,随着1876年中国第一条铁路的通车,中国逐渐从运河时代进入铁路时代。从运河时代向铁路时代的过渡经过了百年历程,在总体上,这是延续千年的运河城市带进入现代社会时所必然产生的一次重大历史转型。直到今天,我们仍然可以感受到这次转型对东部城市乃至全国发展所带来的深远影响。

　　从宏观交通方式对城市的影响来说,以运河为代表的水运系统和以铁路为代表的轨道交通系统并无本质的区别,它们都以交通线为动脉将沿线城乡联系起来,形成一个关系密切的带状社会经济发展区。但在中观和微观层面上,不同交通方式在速度和运输模式上的差别不仅使整个城市带发生改变,也使相关城市的结构与形态产生很大变化,尤其是新的交通枢纽的设置促使城市的发展方向也发生一些变化。

　　当前运河与城市的关系已经发生了显著的变化。随着城市的快速发展,城区范围飞速增长,当前京杭大运河的主航道已经与镇江和扬州的老城区脱离。老城内的运河故道,不再具有交通运输功能,转而成为城市的景观河道以及历史文化遗产。但是京杭大运河的主航道对于整个城市来说,依然具有重要的航运价值,繁忙的港口仍然能够为城市提供服务。在近代城市形态变迁的过程中,一些旧的要素消失了,一些要素被修正,一些新的要素加入进来,但是总有一些不变的要素,一直保留下来。随着外部发展环境的变换,大运河的功能也在相应地发生转变,呈现出越来越复杂的和综合化的趋势。如今大运河的军事功能、对外交流功能已经基本消亡,运输功能和带动城市发展的功能虽然减弱但基本稳定,水利功能和生态功能在南水北调的政策下越发重要,文化功能、旅游休闲功能则随之逐渐增强。

　　对从事遗产保护的规划工作者来说,难点是如何防止在规划进行中发生不当建设,如拆去历史街区兴建新的房地产,毁去河岸的原有形态改为人工驳岸,兴建不适当的城市广场和城市公园等。由于这些活动与城市改造、南水北调、航运扩容等发展目标相结合,规划必须对之进行评估,在努力协调好保护与发展的关系的基础上,规划应该为这些活动确立更为合理的方案选择。

江南运河总的趋势是随着城市和水运发展不断改道,脱离城市。旧河道演变为运河的支线。江南运河(不通航部分)保留了比较完好的运河工程本体及相关遗产,尤其是城河段,为我们留下了运河遗产最重要的物质形态;对于当前的运河城市来说,运河主要是作为文化遗产支撑城市的文化建设。运河故道和目前通航的河道都应是大运河遗产的组成部分,只是在制定运河遗产保护措施时,必须对二者区别对待。

镇江与扬州城市的生成与发展得益于大运河及其支系的滋养,而它们的存在则强化并拓展了这个巨大的人工化水网的社会经济功能。通过对大运河遗产特点及其与镇江、扬州共生与互动关系的分析,可以得出以下观点:

(1) 大运河主河道两侧存在的许多支系水网,是镇江与扬州能够存在并持续发展的基础条件,与大运河主河道共同构成镇江与扬州形成与发展的物质环境。镇江与扬州的发展自始至终是与以大运河为骨干的人工化水网分不开的,大运河实际上是一个纵贯南北的人工化水网系统,镇江与扬州的运河遗产是由这个水网系统所支持的城乡系统及其遗产所构成的一个巨大的遗产体系。千百年来,依托于发达的自然水网,才诞生了众多的运河城镇与乡村,而运河城镇与乡村不断发展的直接结果之一,就是这个自然水网的人工化,这种互动关系贯穿于整个镇江与扬州城市发生、发展的全过程。乾隆五十五年(1790年)绘制的《九省运河泉源水利情形图》中的江苏段就揭示了运河水网与城镇之间的依托关系,图中对运河主河道与相关河道、水源发生地和主要城镇的相对关系都做了如实的描绘(图10-1)。可见古人对运河主河道与相关河道及相关城镇之间网络关系的把握是非常准确的。在今天,众多的次级河道及相关遗产与大运河主河道一同形成整体性大运河遗产的一体两面,它们是同一环境背景下形成的不可分割的遗产系列。

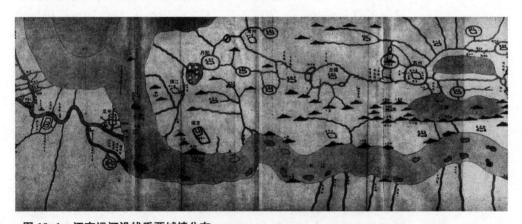

图10-1 江南运河沿线重要城镇分布
来源:《九省运河泉源水利情形图》,浙江古籍出版社2006年版。

（2）在历史上，大运河及其人工化水网形态变化频繁，但整体结构相对稳定。运河沿线自古以河网密布为环境特征，以主干—支流—末梢主次分明的水系为结构特征，以穿插于城镇乡村和岗阜丘陵之间的网状河道为形态特征，各级河道随社会与城镇发展而频繁变动。无论在历史上还是在现代生活中，人们往往根据城镇和乡村发展的需要，随时对这些河道加以疏浚整治，以形成满足一时之需的人工化水网系统。从历史的角度看，大运河及其人工化水网的变化频繁而剧烈，尤其在水网系统的末梢，随时会因洪涝或农耕方面的因素而改变。尽管如此，这个结构严密的水网系统一直相对稳定并支撑着沿线地区社会经济的持续发展。

（3）大运河系统不仅是运河城市传统产业发展的依托，其本身也是一种典型的古代产业遗产。运河的基本功能就是航运，而作为一种产业形态的航运业的发展依赖于如水利、水工、农业、手工业等诸多产业的发展。因此，古代运河是古代经济、文化、政治、军事和科学技术水平的综合体现。在运河城市中，尤其应当重视水网系统与城乡系统的相互作用，正是这种密切而频繁的互动才演绎出镇江与扬州的辉煌与繁荣。

（4）应以运河城市的发生发展过程作为运河遗产的评价背景与衡量标准，不应仅仅以与主河道或航运功能关系是否密切作为评判依据。大运河遗产内容十分丰富，而以江南运河遗产尤甚。作为古代的"国家大道"，当京杭大运河进入江南这片以低地水乡为特征的沃土之后，就迅速融入一个十分庞大、复杂而又多变的地方水网系统之中。千百年来，由于劳动人民的不断修整、改造与经营，这个水网的自然属性与人工属性早已相互交织、难分彼此，是一种人工化的交通、灌溉、聚落和生活系统，它随着社会经济及自然环境的变化而变化。从社会发展的角度看，我们可以说，以江南运河及其庞大支系为代表的巨型人工化水网系统是运河文明物质形态的一种特质，它的多样性与复杂性是运河城市与文化连续性变迁过程的典型体现。

参考文献

一、方志文献

[1] 卢宪. 嘉定镇江志[M]. 1842(道光二十二年).

[2] 俞希鲁. 至顺镇江志[M]. 1842(道光二十二年).

[3] 贵中孚,万承纪,蒋宗海. 嘉庆丹徒县志[M]. 1805(嘉庆十年).

[4] 张九徵. 乾隆镇江府志[M]. 1750(乾隆十五年).

[5] 何绍章,冯寿镜,吕耀斗. 光绪丹徒县志[M]. 1879(光绪五年).

[6] 李恩绶,李炳荣. 丹徒县志摭余[M]. 1918(民国七年).

[7] 张玉藻,翁有成. 续丹徒县志[M]. 1930(民国十九年).

[8] 省会建设工程处. 江苏省会建设[M]. 1930(民国二十年).

[9] 贾子彝. 江苏省会辑要[M]. 1936(民国二十五年).

[10] 镇江市地方志编纂委员会. 镇江市志[M]. 上海:上海社会科学院出版社. 1993.

[11] 五格,黄湘. 乾隆江都县志[M]. 1743(乾隆八年).

[12] 吴鹗峙. 乾隆甘泉县志[M]. 1743(乾隆八年).

[13] 阿克当阿,姚文田等. 嘉庆扬州府志[M]. 1810(嘉庆十五年).

[14] 王逢源,李保泰. 嘉庆江都县续志[M]. 1811(嘉庆十六年).

[15] 谢延庚,刘寿曾. 光绪江都县续志[M]. 1884(光绪十年).

[16] 徐成敩等. 增修甘泉县志[M]. 1885(光绪十一年).

[17] 钱祥保,桂邦杰. 甘泉县续志[M]. 1926(民国十五年).

[18] 钱祥保,桂邦杰. 续修江都县志[M]. 1926(民国十五年).

[19] 陈肇燊,陈懋森. 民国江都县新志[M]. 1937(民国二十六年).

[20] 江苏省行政公署实业司. 江苏省实业行政报告书[M]. 1914(民国三年).

[21] 柳肇嘉. 江苏人文地理[M]. 1930(民国十九年).

[22] 广陵区地方志编纂委员会. 广陵区志[M]. 北京:中华书局,1993.

[23] 扬州市地方志编纂委员会. 扬州市志[M]. 上海：中国大百科全书出版社上海分社,1997.

[24] 李斗. 扬州画舫录[M]. 北京：中华书局,2007.

[25] 焦循,江藩. 扬州图经[M]. 南京：江苏古籍出版社,1998.

[26] 刘文淇. 扬州水道记[M]. 扬州：广陵书社,2011.

[27] 徐谦芳. 扬州风土记略[M]. 南京：江苏古籍出版社,2002.

[28] 易君左. 闲话扬州[M]. 上海：中华书局有限公司,1934.

[29] 顾祖禹. 读史方舆纪要[M]. 北京：中华书局,2005.

二、学术著作

[30] 陈桥驿. 中国运河开发史[M]. 北京：中华书局,2008.

[31] 姚汉源. 京杭运河史[M]. 北京：水利水电出版社,1998.

[32] 史念海. 中国的运河[M]. 西安：陕西人民出版社,1988.

[33] 安作璋. 中国运河文化史[M]. 济南：山东教育出版社,2006.

[34] 京杭运河江苏省交通厅、苏北航务管理处史志编纂委员会. 京杭运河志（苏北段）[M]. 上海：上海社会科学院出版社,1998.

[35] 郑肇经. 太湖水利技术史[M]. 北京：农业出版社,1987.

[36] 陈述. 京杭大运河图说[M]. 杭州：杭州出版社,2006.

[37] 潘镛. 隋唐时期的运河和漕运[M]. 西安：三秦出版社,1987.

[38] 傅崇兰. 中国运河城市发展史[M]. 成都：四川人民出版社,1985.

[39] 唐宋运河考察队. 运河访古[M]. 上海：上海人民出版社,1986.

[40] 中国水利水电科学研究院水利史研究室. 再续行水金鉴：运河卷 1-5[M]. 武汉：湖北人民出版社,2004.

[41] 鞠继武,潘凤英. 京杭运河巡礼[M]. 上海：上海教育出版社,1985.

[42] 邹宝山,何凡能,何为刚. 京杭运河治理与开发[M]. 北京：水利电力出版社,1990.

[43] 彭云鹤. 明清漕运史[M]. 北京：首都师范大学出版社,1995.

[44] 全汉升. 唐宋帝国与运河[M]. 北京：商务印书馆,1944.

[45] 朱偰. 中国运河史料选辑[M]. 北京：中华书局,1962.

[46] 葛剑雄,曹树基,吴松弟. 简明中国移民史[M]. 福州：福建人民出版社,1993.

[47] 何一民. 中国城市史纲[M]. 成都：四川大学出版社,1994.

[48] 何一民. 从农业时代到工业时代：中国城市发展研究[M]. 成都：巴蜀书社,2009.

[49] 董鉴泓. 中国城市建设史[M]. 2版. 北京：中国建筑工业出

版社,1989.

[50] 王旭,黄柯可. 城市社会的变迁[M]. 2版. 北京:中国社会科学出版社,1998.

[51] 王卫平. 明清时期江南城市史研究:以苏州为中心[M]. 北京:人民出版社,1999.

[52] 安藤更生. 鑒眞大和尚傳研究[M]. 東京:平凡株式會社,1960.

[53] 中村圭尔,辛德勇. 中日古代城市研究[M]. 北京:中国社会科学出版社,2004.

[54] 斯波义信. 宋代江南经济史研究[M]. 方健,何忠礼,译. 南京:江苏人民出版社,2001.

[55] 张仲礼. 东南沿海城市与中国近代化[M]. 上海:上海人民出版社,1996.

[56] 刘凤云. 明清城市空间的文化探析[M]. 北京:中央民族大学出版社,2001.

[57] 尹铁. 晚清铁路与晚清社会变迁研究[M]. 北京:经济科学出版社,2005.

[58] 杨勇刚. 中国近代铁路史[M]. 上海:上海书店出版社,1997.

[59] 隗瀛涛. 中国近代不同类型城市综合研究[M]. 成都:四川大学出版社,1998.

[60] 施坚雅. 中华帝国晚期的城市[M]. 叶光庭,等译. 北京:中华书局,2000.

[61] 林达·约翰逊. 帝国晚期的江南城市[M]. 成一农,译. 上海:上海人民出版社,2005.

[62] 杨秉德. 中国近代城市与建筑:1840—1949[M]. 北京:中国建筑工业出版社,1993.

[63] 刘金声,曹洪涛. 中国近现代城市的发展[M]. 北京:中国城市出版社,1998.

[64] 包伟民. 江南市镇及其近代命运:1840—1949[M]. 北京:知识出版社,1998.

[65] 王树槐. 中国现代化的区域研究:江苏省:1860—1916[M]. 台北:台湾研究院近代史研究所,1984.

[66] 成一农. 古代城市形态研究方法新探[M]. 北京:社会科学文献出版社,2009.

[67] 鲁西奇. 城墙内外:古代汉水流域城市的形态与空间结构[M]. 北京:中华书局,2011.

[68] 胡俊. 中国城市:模式与演进[M]. 北京:中国建筑工业出版社,1995.

[69] 武进. 中国城市形态:结构、特征及其演变[M]. 南京:江苏科学技术出版社,1990.

[70] 田银生,谷凯.城市形态研究的理论与实践:第 16 届国际城市形态论坛论文选[M].广州:华南理工大学出版社,2010.

[71] 傅娟.近代岳阳城市转型和空间转型研究:1899—1949[M].北京:中国建筑工业出版社,2010.

[72] 南京师范学院地理系江苏地理研究室.南京:江苏城市历史地理[M].南京:江苏科学技术出版社,1982.

[73] 镇江市历史文化名城研究会.民国江苏省会镇江研究[M].镇江:江苏大学出版社,2010.

[74] 姚元龙,王玉国.江南名城镇江[M].南京:江苏人民出版社,2002.

[75] 张立.镇江交通史[M].北京:人民交通出版社,1989.

[76] 镇江市水利志编辑委员会.镇江市水利志[M].上海:上海社会科学院出版社,1997.

[77] 庐山.岁月沧桑古运河:镇江文史资料第 36 辑[M].北京:中国文史出版社,2002.

[78] 刘建国.古城三部曲:镇江城市考古[M].南京:江苏古籍出版社,1995.

[79] 刘建国.名城地下的名城:镇江城市考古纪实[M].南京:江苏人民出版社,2006.

[80] 镇江市城建档案馆.古城掠影:民国时期镇江城市建设[M].苏州:古吴轩出版社,2001.

[81] 镇江市地方志办公室.镇江百年图志[M].北京:方志出版社,2000.

[82] 陈敦平.中国水运史丛书:镇江港史[M].北京:人民交通出版社,1989.

[83] 王骧,等.镇江史话[M].南京:江苏古籍出版社,1984.

[84] 吴子辉.扬州建置笔谈[M].南京:江苏古籍出版社,2002.

[85] 朱福烓,许凤仪.扬州史话[M].南京:江苏古籍出版社,1985.

[86] 吴家兴.扬州古港史[M].北京:人民交通出版社,1988.

[87]《扬州城乡建设志》编审委员会.扬州城乡建设志[M].合肥:黄山书社,1993.

[88] 朱江.海上丝绸之路的著名港口:扬州[M].北京:海洋出版社,1986.

[89] 安东篱.说扬州:1550—1850 年的一座中国城市[M].李霞,译.北京:中华书局,2007.

[90] 徐炳顺.扬州运河[M].扬州:广陵书社,2011.

[91] 扬州史志编委会.落日辉煌话扬州[A].内部资料,2000.

[92] 叶美兰.柔橹轻篙:扬州早期城市现代化之路[M].北京:北京燕山出版社,2004.

[93] 史明正.走向近代化的北京城:城市建设与社会变革[M].

北京:北京大学出版社,1995.

[94] 董学芳.扬州唐城考古与研究资料选编[A].内部资料,2009.

[95] 蒋忠义.唐代扬州河道与二十四桥考//中国社会科学院考古研究所.汉唐与边疆考古学研究:第一辑[M].北京:科学出版社,1994.

[96] 蒋忠义.隋唐宋明扬州城的复原与研究//中国社会科学院考古研究所.中国考古学论丛:中国社会科学院考古研究所建所40年纪念[M].北京:科学出版社,1993.

[97] 秦浩.试述扬州水道的变迁和唐城//南京大学历史系.南京大学史学论丛.第三辑[M].南京:南京大学出版社,1980.

三、期刊文献

[98] 刘建国.镇江市东晋晋陵罗城的调查和试掘[J].考古,1986(5):410-428.

[99] 刘建国.晋陵罗城初探[J].考古,1986(5):463-469.

[100] 王书敏.镇江市网巾桥六朝手工业遗址的发掘[J].南方文物,1996(1):24-26.

[101] 刘建国.西津渡历史文脉及文化价值探析[J].东南文化,2011(1):60-64.

[102] 刘建国,霍强.西津渡救生、义渡码头的考古与保护[J].镇江高专学报,2009,22(3):24-26.

[103] 刘建国,霍强,陈长荣,等.江苏镇江西津渡遗址发掘简报[J].东南文化,2011,219(1):32-42.

[104] 王书敏,霍强,王克飞,等.江苏镇江双井路宋元粮仓遗址考古发掘简报[J].东南文化,2011,223(5):57-71.

[105] 王书敏.关于镇江宋元粮仓的几个问题:转般仓、淮东总领所、大军仓[J].东南文化,2011,223(5):72-75.

[106] 高曾伟.论镇江西津渡的发展、功能和开发价值[J].镇江高专学报,2006,19(1):23-27.

[107] 徐小东,徐宁.镇江西津渡历史街区空间特色与保护研究[J].华中建筑,2005,23(B07):80-82,90.

[108] 胡明星,董卫.基于GIS的镇江西津渡历史街区保护管理信息系统[J].规划师,2002,18(3):71-73.

[109] 柴洋波,董卫,王鹤.镇江西津渡东北侧地块城市设计[J].城市建筑,2011(2):51-53.

[110] 戴迎华.论近代镇江经济衰落的原因[J].江苏理工大学学报(社会科学版),2000(2):8-10.

[111] 戴迎华.近代镇江米市移师芜湖的历史考察[J].江海学刊,2006(3):155-160.

[112] 李宁.近代镇江贸易地位变迁原因再分析[J].中国经济

史研究,2008(1):54-60.

[113] 蚌书.近代镇江营造业的主力军:许成记建筑事务所[J].金山,2009(6):43-44.

[114] 戴迎华,魏惠卿.历史上北方移民对镇江经济的影响[J].江苏大学学报(社会科学版),2004,6(2):51-55.

[115] 戴迎华,马红霞,张帆.论镇江与太平天国革命运动[J].江苏理工大学学报(社会科学版),2001,3(4):13-16.

[116] 戴迎华.镇江开埠与近代镇江教育[J].江苏大学学报(社会科学版),2005,7(1):58-63.

[117] 戴迎华.近代镇江教育与近代镇江经济[J].江苏科技大学学报(社会科学版),2005,5(4):54-58.

[118] 鄂金书,祝瑞洪,庞迅,等.西津渡历史街区建筑风格研究[J].中国名城,2009(6):39-44.

[119] 杨靖,马进.开放的"里弄":镇江市西津渡传统街区的保护与更新研究[J].华中建筑,2003,21(6):66-70.

[120] 张峥嵘,王敏松,李蓓.镇江西津渡历史街区中西建筑之比较[J].镇江高专学报,2006,19(4):36-39.

[121] 张华父.扬州城变迁述略[J].扬州师范学院学报,1963(5):156-158.

[122] 中国社会科学院考古研究所,南京博物院,扬州市文化局扬州城考古队.扬州城考古工作简报[J].考古,1990(1):36-44.

[123] 纪仲庆.扬州古城址变迁初探[J].文物,1979(9):43-56.

[124] 孙蔚民.我对扬州的剖视[J].扬州师范学院学报,1959(1).

[125] 朱江.扬州唐城遗址踏访小记[J].扬州师范学院学报,1963(5).

[126] 朱江.从文物发现情况来看扬州古代的地理变迁[J].扬州师范学院学报,1977(9):70-76.

[127] 李伯先.唐代扬州的城市建设[J].南京工学院学报,1979,9(s2):55-63.

[128] 王煦柽,王庭槐.略论扬州历史地理[J].南京师范学院学报,1979(4).

[129] 尤振尧.扬州古城1978年调查发掘简报[J].文物,1979(9):33-42.

[130] 纪仲庆.扬州古城址变迁初探[J].文物,1979(9):43-56.

[131] 徐良玉.扬州唐代木桥遗址清理简报[J].文物,1980(3):17-20.

[132] 罗宗真.扬州唐代古河道等的发现和有关问题的探讨[J].文物,1980(3):21-27.

[133] 中国社会科学院考古研究所,南京博物院,扬州市文化局,扬州城考古队.扬州城考古工作简报[J].考古,1990(1).

[134] 俞永炳,李久海.江苏扬州宋三城的勘探与试掘[J].考

古,1990(7):608-613.

[135] 蒋忠义,王勤金,李久海,等.近年扬州城址的考古收获与研究[J].东南文化,1992(2):145-157.

[136] 王勤金.扬州古城南门遗址的发现和发掘述要[J].扬州师范学院报,1986(2):116-117.

[137] 中国社会科学院考古研究所,南京博物院,扬州市文化局,扬州城考古队.扬州宋大城西门发掘报告[J].考古.1999(4).

[138] 余大庆.扬州地域文化特性刍议[J].扬州大学学报(人文社会科学版),2009(6):85-91.

[139] 叶美兰.近代扬州城市的发展模式:兼与周边城市比较[J].学海,2003(6):115-119.

[140] 何一民.中国传统工商业城市在近代的衰落:以苏州、杭州、扬州为例[J].西南民族大学学报(人文社科版),2007,28(4):1-11.

[141] 陈鹏.近代扬州经济的衰退及其转型[J].现代企业文化,2011(30):116-118.

[142] 叶美兰.近代未开埠城市市民人格特征解读:以现代化过程中的扬州为个案[J].江海学刊,2005(2):153-158.

[143] 叶美兰.试析制约扬州城市现代化的主观因素[J].学海,2006(1):149-155.

[144] 季鹏.地理环境变迁与城市近代化:明清以来扬州城市兴衰的思考[J].南京社会科学,2002(12):52-56.

[145] 叶美兰.近代扬州城市现代化缓慢原因分析[J].扬州大学学报(人文社会科学版),2004,8(4):91-96.

[146] 叶美兰.近代扬州人口结构的变迁与城市现代化[J].江苏地方志,2003(6):27-30.

[147] 姚能.近代扬州地区蛋粉工业的概况[J].扬州师范学院学报(社会科学版),1984(2):77-80.

[148] 戴光中.区位变迁与扬州经济发展的历史考察[J].扬州职业大学学报,2008,12(3):5-8.

[149] 吴松弟,工列辉.唐朝至近代长江三角洲港口体系的变迁轨迹[J].复旦大学学报(社会科学版),2007,49(2):98-109.

[150] 祁昭,陈薇.扬州历史城市绿化与格局[J].华中建筑,2009,27(8):215-220.

[151] 陈薇,刘博敏,刘捷,等.回归自然 发展城市 弘扬文化 创造生活:扬州古运河东岸风光带规划设计[J].建筑创作,2003(7):98-103.

[152] 张剑葳,陈薇,胡明星,等.GIS技术在大遗址保护规划中的应用探索:以扬州城遗址保护规划为例[J].建筑学报,2010(6):23-27.

[153] 陈薇.城河湖水一带 绿杨城郭一体:扬州瘦西湖研究二

则[J].中国园林,2009,25(11):12-16.

[154] 刘惠敏.大运河对城市文明兴起与经济发展的作用[J].生产力研究,2011(6):77-79.

[155] 刘士林.大运河城市文化模式初探[J].中国名城,2011(7):47-52.

[156] 王瑞成.运河和中国古代城市的发展[J].西南交通大学学报(社会科学版),2003,4(1):14-20.

[157] 张京祥,刘雨平.沿京杭大运河地区的空间发展:以京杭大运河扬州段为例[J].经济地理,2008,28(1):1-5.

[158] 莫修权.漕运文化与中国城市发展[J].华中建筑,2003,21(1):76-78.

[159] 张强.京杭大运河中心城市的形成与辐射[J].淮阴师范学院学报(哲学社会科学版),2008,30(1):40-41.

[160] 李琛.京杭大运河沿岸聚落分布规律分析[J].华中建筑,2007,25(6):163-166.

[161] 王玲真.京杭大运河与镇江城市文明的兴起和发展[J].南通大学学报(社会科学版),2008,24(1):21-24.

[162] 刘士林.大运河城市文化模式初探[J].南通大学学报(社会科学版),2008,24(1):1-4.

[163] 刘永.京杭大运河与聊城的兴衰[J].南通大学学报(社会科学版),2008,24(1):17-20.

[164] 刘捷.明清清江浦的变迁与大运河[J].华中建筑,2005,23(3):152-154.

[165] 刘捷.明清漕运与通州城市建设研究[J].华中建筑,2008,26(7):173-175.

[166] 刘捷.明清大运河与济宁城市建设研究[J].华中建筑,2008,26(4):153-156.

[167] 刘捷.由唐至明运河与扬州城的变迁[J].华中建筑,2001,19(5):82-85.

[168] 松浦章.清代大运河之帆船航运[J].淮阴工学院学报,2010,19(6):1-8.

[169] 杜文娟,李永乐.申遗视野下运河非物质文化遗产价值及其旅游开发:以大运河江苏段为例[J].中国名城,2011(10):42-45.

[170] 光晓霞.扬州城址与大运河的关系[J].扬州大学学报(人文社会科学版),2011,15(3):112-116.

[171] 李亮.从京杭大运河的现代复兴看水文化遗产的保护与开发:以杭州段运河为例[J].黄冈职业技术学院学报,2011,13(6):65-69.

[172] 吴晓,王艳红,高军军,等.大运河申遗背景下河道类遗产保护的价值判研初探:以大运河(常州段)为例[J].现代城市研究,2011(9):46-55.

[173] 朱明海,洪艳.京杭大运河杭州段沿线历史建筑现代适应性评价探索[J].华中建筑,2011,29(9):209-212.

[174] 魏羽力,许昊.大运河聚落的遗产要素与价值评估:以扬州段为例[J].建筑与文化,2010(8):94-97.

[175] 吴晓,王承慧,王艳红.大运河遗产保护规划(市一级)的总体思路探析[J].城市规划,2010,34(9):49-56.

[176] 万婷婷,王元.法国米迪运河遗产保护管理解析:兼论中国大运河申遗与保护管理的几点建议[J].中国名城,2011(7):53-57.

[177] 张小庆,张金池.京杭大运河江南河段沿线城市的形成与变迁[J].南京林业大学学报(人文社会科学版),2010,10(2):50-56.

[178] 姚迪.巨系统文化遗产保护的探究及现实困境的思索:以大运河保护规划为例[J].城市规划,2010,34(1):48-51.

[179] 陈国民.对大运河文化遗产两种分类方法的看法[J].中国名城,2010(1):27-30.

[180] 阮仪三,王建波.京杭大运河的申遗现状、价值和保护[J].中国名城,2009(9):8-15.

[181] 张笑楠.突出普遍价值评估与遗产构成分析方法研究:以大运河为例[J].文物保护与考古科学,2009,21(2):1-8.

[182] 俞孔坚,李迪华,李伟.京杭大运河的完全价值观[J].地理科学进展,2008,27(2):1-9.

[183] 张京祥,刘雨平.沿京杭大运河地区的空间发展:以京杭大运河扬州段为例[J].经济地理,2008,28(1):1-5.

[184] 陈桥驿.南北大运河:兼论运河文化的研究和保护[J].杭州师范学院学报(社会科学版),2005(3):1-5.

[185] 郑莘,林琳.1990年以来国内城市形态研究述评[J].城市规划,2002,26(7):59-64,92.

[186] 于志光,赵冰.理想空间与城市形态演变:兼论近代武汉城市理想空间模式演化[J].重庆建筑大学学报,2008,30(6):6-11.

[187] 谷凯.城市形态的理论与方法:探索全面与理性的研究框架[J].城市规划,2001,25(12):36-42.

[188] 田银生,谷凯,陶伟,等.城市形态研究与城市历史保护规划[J].城市规划,2010,34(4):21-26.

[189] 杨滔.空间句法:从图论的角度看中微观城市形态[J].国外城市规划,2006,21(3):48-52.

[190] 成一农.中国古代地方城市形态研究方法新探[J].上海师范大学学报(哲学社会科学版),2010,39(1):43-51.

[191] 孙晖,梁江.近代殖民商业中心区的城市形态[J].城市规划学刊,2006(6):102-107.

[192] 何一民.20世纪后期中国近代城市史研究的理论探索[J].

西南交通大学学报(社会科学版),2000,1(1):58-67.

[193] 何一民.21世纪中国近代城市史研究展望[J].云南大学学报(社会科学版),2002,1(3):61-69.

[194] 陈晓鸣,张蕾.中国近代城市史个案研究举要[J].上海师范大学学报(哲学社会科学版),2004,33(2):123-127.

[195] 何一民,曾进.中国近代城市史研究的进展、存在问题与展望[J].中华文化论坛,2000(4):65-69.

[196] 任吉东.从宏观到微观 从主流到边缘:中国近代城市史研究回顾与瞻望[J].理论与现代化,2007(4):122-126.

[197] 倪玉平.漕粮海运与清代运输业的变迁[J].江苏社会科学,2002(1):125-130.

[198] 刘洪石.略论清代的票盐改革[J].盐业史研究,1995(4):19-23.

[199] 陈泳.古代苏州城市形态演化研究[J].城市规划汇刊,2002(5):55-60.

[200] 陈泳.近现代苏州城市形态演化研究[J].城市规划汇刊,2003(6):62-71.

[201] 陈泳.当代苏州城市形态演化研究[J].城市规划学刊,2006(3):36-44.

四、学位论文

[202] 周霞.广州城市形态演进研究[D].广州:华南理工大学,1999.

[203] 汤雪璇.近代交通方式转型对江南城市空间形态的影响:以镇江老城为例[D].南京:东南大学,2010.

[204] 阳昱.近代镇江城市空间发展初探[D].南京:东南大学,2001.

[205] 刘伟峰.近代的镇江与其腹地(1864—1931):以海关档案资料为中心[D].上海:复旦大学,2007.

[206] 李宁.贸易视野下的镇江经济变迁,1865—1931:以中国旧海关资料为主体的考察[D].南京:南京大学,2006.

[207] 张明明.镇江民国时期建筑艺术特色研究[D].无锡:江南大学,2008.

[208] 鲍成志.近代中国交通地理变迁与城市兴衰研究[D].成都:四川大学,2008.

[209] 孟超.世界遗产视角下的扬州历史城市价值探析[D].南京:东南大学,2009.

[210] 刘妍.隋—宋扬州城防若干复原问题探讨[D].南京:东南大学,2009.

[211] 叶美兰.柔橹轻篙:1895至1937年扬州城市现代化研究[D].南京:南京大学,2000.

[212] 徐岩. 历史时期运河对杭州城市发展的作用[D]. 杭州：浙江大学，2007.

[213] 韩晓. 论明代山东运河城镇的发展与功能变迁[D]. 南京：南京师范大学，2004.

[214] 王玨. 明清时期南北大运河山东段沿岸的城市[D]. 北京：中国社会科学院，2003.

[215] 张慧茹. 南宋杭州水环境与城市发展互动关系研究[D]. 西安：陕西师范大学，2007.

[216] 郭峰. 隋唐五代开封运河演变与城市发展互动关系研究[D]. 西安：陕西师范大学，2007.

[217] 陈泳. 苏州古城结构形态演化研究[D]. 南京：东南大学，2000.

五、英文文献

[219] ZHU J F. Chinese spatial strategies：Imperial Beijing 1420—1911[M]. New York：Routledge Curzon，2004.

[220] EVERETT Y R. From mule to motor car：A history of urban transportation in Caracas, Venezuela, 1881—1947[D]. LA：University of California，1997.

[221] EINNANE A. Speaking of Yangzhou：A Chinese city，1550—1850[D]. Cambridge：Harvard University Asia Center，2004.

[222] ELVIN M, SKINNER G W. The Chinese city between two worlds[D]. Palo Alto：Stanford University，1974.

[223] JOHNSON L C. Cities of Jiangnan in Late Imperial China[D]. New York：SUNY，1993.

致　谢

　　本书是在我的博士论文《近代运河城市形态变迁——以镇江与扬州为例》的基础上完成的。感谢导师董卫教授拓展了我的研究视野，培养了我的研究能力。董卫教授的言传身教使我终生获益，我将铭记于心。

　　感谢镇江市规划局、文化局、城建档案馆提供镇江历史地图和相关图纸文献资料。

　　感谢镇江市城市建设投资集团公司及西津渡文化旅游有限责任公司提供西津渡地区的历史资料。

　　感谢扬州市大运河联合申遗办公室提供扬州运河以及大运河申遗的相关资料。

　　感谢我的家人对我一直以来的支持。

后 记

  2019年2月,中共中央办公厅、国务院办公厅印发了《大运河文化保护传承利用规划纲要》,并发出通知,要求各地区各部门结合实际认真贯彻落实。大运河沿线各城市也围绕运河文化的保护和传承利用制定规划,并积极兴建相关文旅项目。可以说,各界对于大运河的关注度仍处于高点。希望本书的出版,能够为社会各界人士全面理解大运河与沿线城市的关系有所贡献。希望大运河能够作为活态的遗产,融入沿线城市的发展并展现其独特的魅力。